経営学における
生理学的人間

― 過労死をなくす ―

上武 健造 著

八千代出版

は じ め に

　経営学における生理学的人間は、経営の場において働く人間が、職場において発生するストレスを意識して、自分にとって適切な克服戦略を通して本来の自分に戻り、さらに生活を営む人間である。その人間は、企業経営の場において働く者であり、生産力の所有者である労働者として、生理学的認識を不可欠に持たねばならない。これをわれわれは経営学の一部として大学において講義する任務を持つ。

　経営の場において、働く者は管理の対象であるとともに労働力の所有者としての生体の人間であり、職場において管理者・仲間からのパワハラなどのいじめやいやがらせによって、ストレスへの抵抗力を失う存在である。その結果、生体内外の環境変化に正しく適応できず過労によるうつ病を発症し過労死*に至ってしまう。ここに緊急の解決が要請される。

> ＊過労死は、1980 年代後半から社会的に大きく注目され始めた。「過労死」という言葉は、わが国のみでなく、国際的にも「Karoshi」として知られるようになった。近年においても、過労死等に至る若者の「使い捨て」が疑われる企業等の問題など、劣悪な雇用管理を行う企業の存在と対策の必要性が各方面で指摘されている。過労死等は、人権にかかわる問題ともいわれている。
>
> 　このような中、過労死で亡くなられた方の遺族等やその方々を支援する弁護士、学者等が集まって過労死を防止する立法を目指す団体が結成された。また、国際連合経済社会理事会決議によって設立された社会権規約委員会がわが国に対して、長時間労働を防止するための措置の強化等を勧告している。厚生労働省は 2016（平成 28）年 10 月公表の「過労死等防止対策白書」において、「過労死ライン」とされる月 80 時間を超えて残業した正社員がいる企業が 2 割を超えると指摘する。

　人は誰でも楽しいことばかりがあるのではない。悲しいこともある。悲しいことがあれば、それを受け止め、何とか癒す道を求めるのが普通の人である。悲しいのに、何もかも損得を求める世の中、だれにも頼れない世の中で、自分一人だけで思い込み、自分を孤独に追い詰めてしまう。

　そして、さらに加えて性格的に執着して考え込んでしまう人もいる。例えば周囲から迷惑がられていると勘違いし、一方的に自分を責める。そうではないにしても自分が悪いと思い込んでしまう。落ち込んでいるときには、自分の状

況をさらに悪化させるような相応の態度で示し、自分で自分を苦しめてしまう。

　感情の移り変わりが現実に倍加されて、さらにストレス症状に表れる。そして自殺に追い込まれるケースもある。

　一方的に強いられる上司の無謀な労働強化に発し、超過労働から重い抑うつ状態となり、自らの内に閉じこもり、自殺に追い込まれるケースが多いと思われる。働き過ぎがもたらす悲劇、過労死、そして過労自殺。しかも男女を問わず、人生これからの若い人たちが過労死などの悲劇にまで達する現状が国内ばかりではなく、海外の様々な国の労働者にも生じている。過酷な長時間労働に巻き込まれ、精神障害を受けていることもある。

　このような状況の中で、国連の社会権規約委員会がわが国に対して長時間労働を防止する措置の強化等を勧告した。

　わが国においては、以下のような経営組織は珍しくない。

①働く者、指導する者の区別が明確ではない。

②企業目的達成のため、両者の人間的協力関係のあり方の認識が欠如。

③労働者と使用者の間で「人としての同権的社会的価値感」の醸成ができていない。

　これは労働環境の改善という重い課題がわれわれに託されていることを意味する。

　人の労働が社会的に認められにくく、与えられた課題の達成が過酷で配慮が不足し、ひたすら超過労働に頼るわが国の経営体質において、労働者は身体的、精神的に人として生活することができない。ゆえに経営組織に参画するすべての労働者は、いずれの職責を問わず経済的・社会的活動に従事しながらストレスに関わっており、自己に対してコントロールする余裕を与えられず、個人の生体的資質のバランス、危険予知を考慮することなく働き続ける。

　企業経営では通常、長期雇用を前提にした労働条件をもとに、仕事量が増えれば、人手を増やさずに個々の社員の働く時間を長くして対応することが多い。繁閑に応じて人員を柔軟に調整できない日本の企業に管理される労働者は、まず人の生理学的反応においてストレスがつくられる。ついで職場をめぐる仕事の成り行きから、彼は不安によって基本形態に引き渡される精神病理学的資質の構成される個人となり、過労死につながる就業（本書 109 頁）で過酷なストレ

スを長時間強いられる。労働者は個人の弱さに付け込んだストレスを、自分と向き合って克服し、自分をつくる—ストレス克服戦略が求められる。本書の主な内容は、この戦略を展開することである。

また本書の目的は、国際的に知られる「Karoshi」、過労死等をなくす国家対策を考案し、経営学と生理学を学習して、それを基礎にストレスを解明して個人のストレス解放のため自らの戦略を立てることである。

生理学的反応ストレス

まず、ストレスに対する最初の反応は、脳にある視床下部が腎臓の上にある副腎体に警鐘を鳴らし、副腎体は緊急反応でこれに応える。そして主要なストレスホルモンであるアドレナリンを分泌する。アドレナリンは心拍数を上げ、筋肉や諸器官に余分に血液を送る。そしてそれによって吸入された酸素が脳にも送られて注意力が高められる。ストレスが継続する状況でのストレス反応として、次いで［視床下部］から刺激ホルモン放出ホルモンが放出される。このホルモンが血管を通って下垂体に達すると、［下垂体］から刺激ホルモンが分泌される。このホルモンが血管を通って副腎を刺激すると、⌊副腎⌋から主要なホルモンであるコルチゾールが血中に放出され体内を循環する。

われわれの身体は、視床下部—下垂体—副腎の軸が正常に機能しているときには、エネルギーと集中力を発揮して危機に対処できるが、ストレスが蓄積すると、その負荷によってこの軸のバランスが崩れてストレスホルモンであるアドレナリンとコルチゾールの量が不適切に分泌される。この分泌の様々なありようが、様々な病気の症状（以下に述べる心身症の項参照）となって心と体に現れる。

コルチゾールは朝に大量に放出されるが、その後は漸減して夜には少なくなるのが一般的である。うつ病の人はコルチゾールのレベルが常時高めで、特に夜になると上昇する。

ホルモン*のフィードバック調節によるストレス反応の調節段階を、ここで詳しく説明しておこう。精神的な打撃を受けると、不安から間脳が興奮し、視床下部が血中糖質コルチコイド量を感受して、副腎皮質刺激ホルモン放出ホルモン（CRH）を分泌、下垂体前葉に作用し、副腎皮質刺激ホルモン（ACTH）の分泌を促す。これが副腎皮質に作用して血中に糖質コルチコイドを分泌させる。

はじめに　iii

分泌された糖質コルチコイドは視床下部や下垂体前葉に作用し、もし血中濃度が高いと感受すれば、CRH や ACTH の分泌を抑制する。最もストレスに堪える大きな生命力、抵抗力の本源は、副腎皮質にあり、その鍵は分泌を促す副腎皮質刺激ホルモンにある。しかも、このホルモンは常時強く分泌しているわけではなく、生体リズムの一環として1日のうち、わずか数分の分泌で副腎皮質ホルモンに影響を与えているにすぎない。それゆえ、ストレス状態が長く続くと自律神経の機能が低下し、精神的苦痛が身体的な変化となって、ストレスに対処するメカニズムが崩壊することになる。

> ＊ホルモンは、身体の器官や部分で作られ、血液によって他の器官や部分に運ばれる化学物質である。その効果の特異性により、1つまたは数多くの器官の機能活性や時には構造を変えることができる。多くのホルモンは内分泌腺により作られる。セクレチン、コレシストキニンやパンクレオチミンは、胃腸管で作られるがホルモンと定義される（『ステッドマン医学大辞典』*STEDMAN'S Medical Dictionary*, 5th Edition, MEDICAL VIEW, 2002, p. 823.）。

アミン説（仮説）によれば、うつ病は、神経細胞と神経細胞の接合部、シナプス間隙に放出される神経伝達物質の総称であるアミンが不足し、その働きが低下して脳内の神経細胞間の情報伝達が阻害されることから起こるとされている。

心と身体は密接に関連しており、気分が悪い、気が乗らない、なんとなく憂うつであるといったときには、食欲がなくなり、身体の調子も悪くなり、そして、めまい、疲れといった身体的症状を訴える。生体の各領域の機能統合が正常に働かず、人間の生体系神経の異常な情報処理状態であるといえる。

不安の基本構造

人間は社会環境との関係において成り立ち、多くの刺激の中でその生命力を培っている。それはまた、組織における人間も同様である。その人は、職務を担う人間であり、また、それとの関係で変化する刺激―反応という環境に対応する生体の人間である。しかし、その刺激を順調に取り込めず、不安を強いられている個人が多いのが現状である。その時その時のストレス状況における支配的な情緒（怒り、不安、あるいは圧迫）に従って、結局、抑うつ性の感情状態に応答される状況といってよいだろう。特に、個人の欲求が何らかの理由でさえぎられると、それが不安、ストレスとなっていらいらする。その状態が長く続くと、人により異なるが、不安から何も手につかなかったり、頭痛がしたり、

心身の不調に悩まされる。

うつ病とは、多数の精神的、精神社会的そして身体的な症状を伴って起こる、患者の病気による抑え付けられた気分によっての情動的な障害と定義される（精神病理学的区分）。うつ病は抑うつ［症］（悲しみ、孤独、絶望、低い自己評価、自責感を特徴とする一時的な精神状態ないし慢性的な精神障害で精神運動静止、挽回できない焦燥、社会からの引きこもり、植物精神症状、食欲低下、不眠など）の兆候を伴う。これは不安についての基本的形態から把握すれば、フリッツ・リーマンのいう、レヴォリューション、"革命"であり、上位の関連に位置づけられる。これに対峙するのが直前の"継続"ローテーションである自己になることであり、これが妨げられると、非常な不安に導かれるのである。そして自身の損失および依存として経験される（統合失調質）。さらに求心力に寄与するのは継続と安定性への努力であり、それが妨害される場合、不安防御の危険、はかなさ、変化に対する不安が強迫観念によって強化される。そして遠心力が変化に努力する。それがそこなわれること、定められることに対して決定的であること、自由でないことに対する不安に導く。演劇めいた、わざとらしい多面性、パニック障害、自己不一致に陥る（ヒステリック）。基本構造に基づき様々な態様に変わる個人構造が形成される、2つの原理である。

様々な資質によって"健康的なこと"からいつも現れる基本不安の構造の変態として、混合の特徴に形成される個性構造が出現する。

管理者の個性構造

管理者の言動を確かめる（本書9章5節、99頁）。働き方・時間を問わず働く者であれば、仕事の完成日が近づけば、責任感から、仕事を家に持ち帰り、己を賭して仕事に打ち込む。こうした身体に対する内と外の刺激＝ストレスが心の病に導くのである。

従業員は、管理者の作業態度や協力態度に影響を与える基本形態を理解し仕事をしなければならない。管理者の言動から管理者の個性構造（本書9章4節　女性・男性管理者の個性構造、96頁）を通して部下としての指導を受けるなら、彼の体質性の影響を現実の行動に生かすことができる。そして従業員は不安（ストレスの一部、7頁）をますます小さくますます弾力的に抱けば抱くほど、ますます少なくして不安の防衛構造・"不安の基本形態"*に引き渡される。管理者、上

司と自分との距離ができる。

　　＊不安の基本形態は、それが精神病理学化から外へ置き、そして"標準心"をその中で
　　　把握するため、対立する作用のなかで多くの力をそれぞれの個性構造のために受け取
　　　る不安の基本形態である（本書90頁）。

　人間の成長・発展に障害を与える不安の抑うつ症 (うつ病)、メランコリーと
は、本来は躁うつ病のうつ病相を意味しているが、うつ状態と同義に用いられ
ることが多い。

　うつ病の主症状は、1) 気分障害 (感情障害)、2) 思考障害、3) 意欲・行為障
害、4) 身体症状に分けられる。

　1) 気分障害の基本は抑うつ気分であり、程度が強くなると無感動になる。
また離人感 (離人症) を伴うこともある。不安感や焦燥感が強いと不穏焦燥、興
奮状態を示すこともある。

　2) 思考障害の特徴は思考形式の面では思考制止 (思考抑制) であり、内容の
面では罪業、貧困、心気妄想に代表される微小妄想である。

　3) うつ病の意欲・行為障害は精神運動制止と呼ばれる。しばしば患者は、や
らなければならない気持ちは強いが、おっくうでやらないと表現する。

　4) 身体症状としては睡眠障害、食欲低下、体重減少、性欲減退、自律神経機
能の障害、頭痛、頭重、易疲労・倦怠感などの頻度が高い。

　そのほか抑うつ気分や精神運動制止は午前中に強く、夕方から夜にかけて軽
くなる場合が多く、これを日内変動と呼ぶ。今日 DSM–IV や ICD–10 の分類で
はうつ病は双極性障害のうつ病エピソード、あるいは大うつ病性障害 (ICD–10
では双極性感情障害、現在うつ病エピソード、あるいは反復性うつ病性障害に相当) に分類
される。

　不安によって自分を追い詰めるストレス症状、ストレス状態がつづく人体の
生理学的反応は、フリッツ・リーマンによれば、不安の基本形態を様々な強さ、
頻度および協調化の中で経験しながら、個性構造を形成している。それらはそ
の時々の防衛活動 (生体の実態機能—筆者注) から結果として生じている。この不
安の個性構造を自らのストレスとして捉え、ストレス戦略によって除去するの
が本書の目的である。

　経営に働く者は、管理者・仲間からのいじめなどの無理難題の中で、それに

反応する生理学的人間として様々な病的ストレス症状を呈しつつ、アンチストレス戦略によって本人が自らを取りもどすことなくひたすら働かされる。

　ここで、「経営に働く者」とは、企業の経営に限定せず、人の集まる公益、慈善、自治体などの組織を含めて経営に含まれる人材である。

　過労死に導く組織労働者の働き方は、まず生理学的反応によってストレスがつくられ、ついで生じる不安から精神病理学的資質に構成される労働者が個人の基本構成を様々な要素の防衛活力にする。さらに企業経営の過酷な長時間労働から過労死に至る「精神障害の出来事」（本書48頁）を生む過酷なストレスの下で、労働者として人事管理から人事マネージメントへの変化を伴いながら、経営における人間像に基本的変化が起こった。労働者はもはや生産に関与する要素として把握されないで、組織構成者として、そのできるだけ高い労働満足を収めることを配慮して決定の際その要求および資格が顧慮される。それに伴って組織や労働心理学のような行動科学の認識に関する強化された適応と統合が起こる（Holtbrügge, *Personalmanagement*, S. 2）。

　経営者、管理者、一般従業員を問わず組織に参画するすべての人間は、生体的人間としてストレスに関わり、対応しつつ、身体内部において刺激―反応の機能を調節しつつ、経済活動に従事する生理学的人間の側面を持つ。そして外部からの刺激に対して神経内分泌の調節過程で、時間的継続の範囲内のホメオスタシティックな自己調節が、自らの平穏な内部環境の維持に努める。

　個人は会社や組織（人間関係）によって仕事を行い、また全人格的に帰属している会社や組織のために仕事が行われる。

　一方、イノベーション（技術革新）のスピードが上がり、様々な業種で外部企業と連携する動きが広まっている。

　この組織、会社はそれぞれ企業として独自の戦略を立て、それに基づく事業の多角化による組織構成は目標を達成するという使命をもち、その使命によって組織が構成される経済的社会的組織である。仲間との協力関係、組織の結合力・凝集力を維持する制度から発展し、個人の異質性、他人と異なる個性を持つ多様な働き方が定着しつつある。

　この企業組織の様々な影響が、人間の生体的組織、神経系内分泌系の循環器に、外界からの刺激（ストレス）となって、異常な外部からの神経系に対する圧

迫として、生体の中で現在の基準の不一致が惹き起こされる。あるいは生体自ら、新しい刺激環境の訪れが、意のままにできる決まり型どおりの反応によって相殺されえない生体の非特異性の刺激"緊急反応"の活動化に陥る。

過酷な労働体制

自らは一度も経験したことのない職務、労働者個人にしかわからない知識労働、部下に任務遂行のため過酷な課題を負わせ、自らの責任を果たす多くの管理者がいる。その一方、大手企業の協力企業、グループ企業など、いわゆる下請け企業として、仕事を請け負いながら過酷な労働条件のもと早期の仕事の完遂と、みずからの兼業や副業など個人的な事情を含めた収益性の中で働く労働者がいる。過労死に導くわが国特殊な実情である。

人間はどこに行った？

職業的に慢性的に制約される負荷反応のために特徴づけられる疲労困憊症候群は、特に人を援助する職業、看護師、医師、教師などにおいて、情緒的な負担をもとに適切な報酬なしに疲労困憊に陥るものである。燃え尽き症候群は警察官、マネージャー、キャビンアテンダント、EDV専門家*の職業に多く示され、燃え尽きプロセスは家庭における介護が持続する負担においても発生する。燃え尽きることは復元のための自発的な能力の喪失によって特徴づけられる。なお、半数近くが職場復帰後5年以内に再発し、再び病床に至り、人はもはや健康を回復しえない（本書136頁）。

> *診療所の職務は、エレクトロニクスを利用して患者行動を写し取るためのソフトウェア・マネージメントやコントローリングに関わる職務や資質の企画並びにプログラムを含んでいる。人間と機械（使用者の異なるハードやソフト間の結合部）の相互関係をEDVによって支える診療所や介護施設での専門の技術者。

依然として国内に長時間労働がはびこる実態がある。国は過労死等防止対策推進法を制定するなど対策を強めているが、過労死遺族や周辺からは、「現場レベルでは何も変わっていない」「残業を美徳とする意識の変化が必要」といった声も聴かれる。

仕事が増えれば勤務時間を延長し、上からの管理を強めながら業務を処理するような古い管理体制下で、将来の仕事や、対人関係の身近な疑念などの不安は個の生体の正常な働きを阻害する。心身のバランスが保たれない状態からは、

うつ病への疑念がぬぐえない。

　生体に絶えず異常な刺激を与え、精神的身体的に恒常的に内部環境を破壊する外部環境に、いかに対応したらよいか。自己調節機能を破壊する、突発的な新種の障害に対する生体の活動調整の訪れを積極的に受け入れ、柔軟に対応できないものであろうか。

　過労死の現状や取り組みをまとめた「過労死等防止対策白書」2018 年版では、医療業界の厳しい勤務実態が記述されている。すなわち労災認定の基準とされる「過労死ライン」である残業が月 80 時間か、月 100 時間を超える医師の員数を調査した結果によると、病院はともに約 4 割、80 時間超の勤務医がいるとした病院は 20.4 %、100 時間超の勤務医がいるとした病院は 12.3 % である。

　長時間労働については、2019 年 4 月より順次施行されている働き方改革関連法案で年 720 時間の残業の上限規制が規定されている。しかし医師は応召義務などの事情があり、時間外労働上限規制の適用は 2024 年 4 月からとなっている。

自分のストレスに向き合い、自分をつくる

　心の苦しみ（人によっては数年、あるいは数カ月）によって、だれでも一度や二度はストレスを感じて散歩したり、コーヒーや、夜にはアルコールに頼って心を休めたであろう。この状況から一歩進めてストレスをきれいに取り除いてはどうであろうか。この本では多くの症状に観察されるストレス内容について、様々な状況におけるストレスを取り除く方法をおすすめしている。

　心の病が自殺に誘うのだと、簡単には言いきれない。自分のストレスにまず向き合うこと（生体の要求する働き方と時間）が肝要である。そのためには生理学的な基礎知識の習得が必要である。

　わが国には自殺対策基本法（2006 年 10 月 28 日施行）がある。自殺予防、対策に社会的取り組みとして実施されなければならない、との基本理念を掲げている。

　働く者すべてが何らかのストレスを抱いている。ストレス、それはあなた自身の未来に係る心地よさの職場を求めての努力である。未来の目的にかなった計画をいかになしうるか、それはあなたが自分のマネージメントを見つけることが必要である。その過程で絶えず不安に悩まされるし、不安になったらストレスを意識する。その不安から精神病理学的資質に構成される労働者は個人の基本構成に、管理者の資質による個性構造がいかに際立っているか、作業態度

や協力態度に影響する相互作用の複雑性が明らかになり、相互作用の型に絡まる管理者の側で所属する質量の反省能力が必要である（Schmitz-Buhl, *Coaching und Supervisions,* S. 135）。さらに過酷な長時間労働から過労死を生む過酷なストレスの下で、労働者は個人の弱さに付け込んだストレスを、自分と向き合って克服する。自分をつくる―ストレス克服戦略が求められる。ストレスにより多く病んでいる者は、個人的なアンチストレス戦略を展開すべきである。

　「ストレス」を抱えていると思ったら、個人的ストレス要素を認知する。それぞれ異なって緊張する外部と内部の個人的なストレッサーを、個人的ストレス戦略によって職業的未来に向かってマネージメントする。

　ストレス状況は、流動的なレパートリーによって適切に扱われるから、個人的、状況関連的なオーダーメイドの方法をもってその有効性が解放される。そこにこの本の狙いがある（13章　自分をつくる―ストレス克服戦略）。

　追記
　この著作は、筆者が数十年前に執筆した「経営における生理学的検討」3編（国士舘大学政経学会）の続編である。当時3万人を超える自殺者が続出し、その対応に追われる状況の中で、経営において働く人間のストレスが生じる身体について研究し、そして経営の在り方を問うたものである。

　本書では比較的古い参考書も扱って作成されているため、取り上げた用語に意味が今日と異なるおそれがあるかとも思われます。しかし、筆者は表題の内容に全体としてご理解いただければ、満足と思っております。

　2019年10月

目　　次

はじめに　i

1章　経営学の対象と部分領域 ……………………………………………………… 1

2章　経営の健康マネージメントと人事マネージメント ……………………… 3
経営の健康マネージメントとその統合のための行動理由　3

3章　人事政策の諸課題 ………………………………………………………………… 5
1. 人事政策の生理学的前提　5
2. 危機的な価値と見通し　6
3. 基本的不安　7
4. 経営管理に直結する人事政策　10
5. 人事管理から人事マネージメントへ　12
　　1) 経営における組織の変化　13　　2) 雇用の多様化　15

4章　生理学的基礎 ……………………………………………………………………… 17
1. 人間の身体としての構成段階　17
　人間に対する前置き　17
2. 生活の条件　19
　　1) 中枢神経系の機構　20　　2) 中枢神経系の統合機能　24

5章　人事政策と労働時間の構成 …………………………………………………… 29
1. 人事政策的適応と構成　29
2. 職場の構成　30
　　1) 働く手段と労働環境の構成　30　　2) 働く場の潜在化（テレワーク）　31　　3) 労働時間の構成　32

6章　ストレスマネージメントは何のため？ …………………………………… 39
1. 事業活動する組織の一員　39
2. わずらわしい真実　40
3. ストレス—生活の秘薬　42

xi

7章　過労死「Karoshi」等対策の推進 ················· 45

1. 国の対応　45

　過労死等の定義　45

2. 厚生労働省　46

　1）職場における健康確保対策（安全衛生管理体制の整備）　46

　2）職場における新たな健康確保対策　46　　3）過重労働による健康障

　害防止のための総合対策　47　　4）精神障害の労災補償状況　47

3. 企業の取り組み　53

4. 組織としての生体の変化と人間　55

　1）心と体の病　55　　2）生体に与える影響　57　　3）メンタルヘル

　スとしての健康管理　60

8章　精神医学と精神病理学の区分 ················· 63

1. 精神医学上の疾病概念　63

　精神的危機、精神的病気そして障害　64

2. 精神病理学の区分　66

　1）理論と治療　66　　2）精神的疾患の区分　69　　3）精神病　70

　4）不安と強迫障害　76　　5）負担障害と適応障害　79　　6）人格障

　害　80　　7）嗜癖疾病　83

9章　個性と作業行動 ················· 85

1. 不安が起こす病気　85

2. 心身症と作業関連疾患　87

3. 作業と協働行動に対する個性構造　89

　不安の基本形態　90

4. 女性・男性管理者の個性構造　96

　1）女性・男性管理者の場合の統合失調質の個性構造　96　　2）女性・

　男性管理者の場合の抑うつ症の個性構造　97　　3）女性・男性管理者

　の場合の強迫観念の個性構造　97　　4）女性・男性管理者の場合のヒ

　ステリーの個性構造　98

5. 個性形態の形成　99

　1）自分をつくる個性構造　99　　2）自分はどこにいる　100

10章　ストレス概念と身体的精神的症状 ································ 115

1. 生理的概念　115

  1）身体のストレス症状　116　　2）内分泌のシステム　118

2. ストレスは脳に起こる（ストレス反応のニューロン組織）　123

3. ストレス反応の2つの軸（渇きと濡れのコミュニケーション）　127

4. ストレスはその脳をつくる　128

5. 不安、怒りあるいは困惑―ストレス反応の特殊性　129

6. ストレスはうんざりさせる？―ストレス反応と身体的健康　132

7. 精神的ストレス結果―燃え尽き症候群　135

11章　負担の克服 ·· 139

1. 個人的負担の克服に対する3つの主な方法　139

  1）手段的なストレスマネージメント　140　　2）認識によるストレス
マネージメント　140　　3）待機的・再生的なストレスマネージメント
141

2. 効果的克服とは何か？―個別的克服形態の異なる効率性　143

3. 構造的ストレスマネージメント　146

12章　ストレス、自分の弱みを突かれる ····························· 151

1. 生理的前提　151

2. 自分のストレス要因をコントロールする　151

3. 自分のストレスに向き合う　153

13章　自分をつくる―ストレス克服戦略 ···························· 157

1. アンチストレス戦略　157

  1）自分のアンチストレス戦略を立てる　166　　2）労働の楽しみ　177

  3）ストレスに悩む仲間　182

2. 短期のストレス克服戦略　184

  1）無意識的な緊張緩和と解除反応　184　　2）気分転換と知覚転換
186　　3）積極的な独り言　187　　4）意識的な滋養　189　　5）十分
な睡眠　190

参考文献　195

あとがき　197

1章

経営学の対象と部分領域

　経営を論じるにあたって、経営とは何かを明確にする。経営の意味には、人間の主体的行動のほかに、継続的行為と、行為者がその目的実現に向けて他の人々働きかける社会的行為が併用される。

　また科学システムの分類では、医学、生理学のように一つの現実科学として体験できる現象を扱う。経営経済学は応用志向的に学際的に強く方向づけられた科学である。他の社会ないし精神科学なども、人間の態度や行動結果に携わる。一方、自然科学は、人間とこの世の自然ならびにこの土地以外の現象を観察し、研究する。

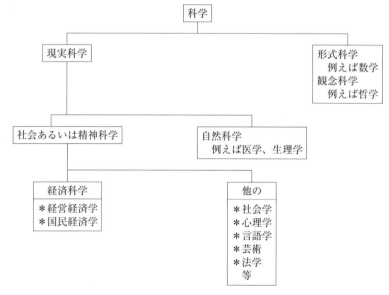

図1-1　科学のシステム
出典）拙著『ドイツ病院のマネージメント』八千代出版、2014年、3頁。

1

2章

経営の健康マネージメントと人事マネージメント

経営の健康マネージメントとその統合のための行動理由

　図2-1は、世界保健機関（WHO）の理解に従って健康の三角形の緊張分野における生活の諸機能を示している。こうした諸々の働きの中で、生理学上から、体性神経系・自律神経系が互いに拮抗しながら保ちえない過度の刺激が生じたとき生体の正常な働きは阻害される。

　図2-1の三角形の緊張領域における健康な活動の営みは、個人の生体系による環境からの正常な情報を処理することが大切である。特に、社会から逃れられない個人は生体の神経系や内分泌系の協調と調節によって心や体に均衡を保って、健康が保持される。もし個人の仕事上のトラブルや私的な事情によって正常な生体の活動ができなくなれば、個人の健康は崩壊する。

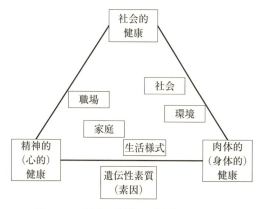

図 2-1　生活の諸機能（健康の三角形）

表 2-1　使用者と被用者にとっての経営的健康マネージメントの利点

企業の利点	被用者の利点
損失時間の低減化	労働負荷の減少化
変動の減少化と共同者結束の高揚	健康上の苦痛の減少化
従業員の生産性の高揚	健康状態や元気の向上
生産やサービスの質の改善（顧客満足と結合）	仲間や上司ならびに内部経営上のコミュニケーション関係の改善
内部経営的共同の改善	労働満足や動機づけの高揚
集合提携、企業イメージと就業の魅力の改善	知識や実践的能力の経営や余暇、健全な行動への改善
流動性や革新能力、同時に競争能力の改善	個人的給付能力の維持と促進

1）外部の動機要素

2）内部の動機要素

3）可能な利益

4）経営的健康マネージメントの組織への戦略的挿入

5）有効性の評価

6）専門職のマネージメントは利点に導く

　経営的健康マネージメント（BGM）の一貫した追求を基礎に、企業および被用者にとっての利点が生じる（表2-1）。

　企業はその転化時間を減らし、また変動の減少や協働者結束の高揚も達成する。

3章

人事政策の諸課題

1. 人事政策の生理学的前提

　人間は生理学の立場から見れば、人体は多種多様な細胞で構成される各組織、器官からできているが、全体としては、体の内外で起こる様々な変化に応じて目的にかなった、秩序ある活動をしている。このようなまとまりのある活動ができるのは、神経系と内分泌系によって各細胞がうまく連絡・協調し合えるように調整されているからである。

　神経系は大きく分けて中枢神経系と末梢神経系からできている。中枢神経系は脳と脊髄で、末梢神経系は体性神経系と自律神経系に分けられる。体性神経系には運動神経と知覚神経がある。自律神経系は消化や循環のように意識や意志の影響をほとんど受けないで、自律的にはたらいている神経系で植物性神経系ともいわれる。自律神経系には交感神経と副交感神経がある。

　末梢神経系の神経のうち、情報を中枢から抹梢に伝える神経を遠心性神経、末梢から中枢へ情報を伝える神経を求心性神経という。運動神経や自律神経は遠心性神経で知覚神経は求心性神経である。

　一方、体のはたらきは主に神経系と内分泌系の協調によって調節されている。神経系の作用は時間的にすばやくて短いが、内分泌系の作用はゆっくりと長く続くことが多い。内分泌とは、内分泌腺から微量の化学物質であるホルモンが血液またはリンパ液中に分泌放出されることである。ホルモンは、血行によって体の遠隔部位に運ばれ、特定の標的細胞にあるホルモン受容体（レセプター）を介して、細胞膜機能や細胞内の物質代謝に効果を及ぼす。ホルモン分泌は、血中ホルモン濃度によるフィードバック、そのほかの内部環境の変化や自律神経系によって調節されている。受容体の機能はその濃度とホルモン親和性で決

まるが、これらも細胞内外の状況によって変動する。

　内外で起こる変化に応じて秩序ある活動をする人体のように、外部の事象に適切に対応する人の行動が生成できればいい。外部の刺激にうまく適応できずに、正常な体のはたらきができない場合はどうであろうか。

2. 危機的な価値と見通し

　人事マネージメントの概念は指導者、管理を制度的意義において視野からずらす。彼らは人事の意思決定の最も重要な担当者である。人事部門は将来これまで以上に強力に戦略的なそして構想的なそしてより少ない効果ある課題を受け取るだろう。同時にこの概念の利用によって、その際の管理プロセスの積極的かつ統合的な構成要素が問題であることが強調される。

　人事マネージメントは従業員という資源の特殊性を考慮しなければならず、その構成はしたがって二重の目標設定に支配される。すなわち経済的立場と並んで社会的視点も重要な役割を持つ。

　従業員という資源の意味に相応して、人事部門の階層的地位は企業において変化した。それは以前よりも重要なものになった。部門の内部で課題の機能的な構成と並んで、企業領域あるいは協働者グループに従って構造化が進展する。労働者や従業員の区分は、内容的・実務的に意味がなくなったので、存在しない。従来以上に強く今日では人事経済的サービス給付の質やコストが重視される。人事報告者システム、価値創造、センターコンセプトおよびアウトソーシングは視野の中に移動する。

　効率的な課題実現のため、DV に支えられた人事情報システムに基づいて、バランスよく構成された人事管理が必要である。人事コントローリングの助力によって、企画、操縦および統制は自明なものとなる。この多様さと全体をよく見渡すことが困難であることから、法律上の諸規定が人事管理を困難にする。

　生体に絶えず異常な刺激を与え、精神的身体的に恒常的な内部環境（ホメオスタシス）を破壊する外部環境にいかに対応したらよいか。自己調節機能を破壊する突発的な新種の障害に対し、生体の活動調節の訪れを積極的に受け入れ、柔軟に対応できないものであろうか。自分のストレスにどう向き合うか、自分

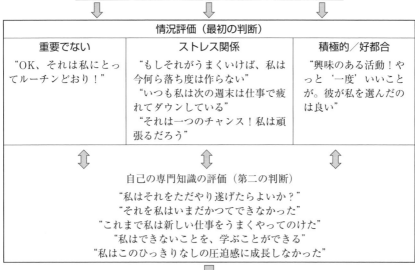

図 3-1　行動枠を超えたストレスモデル[1]

出典) Gert Kaluza, *Stressbewältigung*, Springer, S. 208.

の心と体はどこにあるか、「自分を探す」のである。

3. 基本的不安

　経営組織に参画するすべての人間は、いずれの職責を問わず経済的・社会的活動に従事しながらストレス、不安*に関わり、対応しつつ任務を遂行する。

　　＊不安は人間の基本体験の一部である。不安は防衛あるいは逃避行動に導くため、そし

3章　人事政策の諸課題　　7

て同時に発達史的に生き延びるために必要である。何らの不安を知らずあるいは感じない者は病んでいる（不安の定義、本書76頁）。

　また、不安の基礎形態は、ストレスは、一面で生理学的体質性の要素と、他面で、伝記体の経験との間の共同作業にあるのに対して、個人の精神理学上の資質的構成を求めて4つの類型の、強さ、頻度、協調化の中で経験しつつ、ともに継続的に個人の日常生活における維持発展的な防衛活力によって生成する。

　不安はストレスの概念に包括される（本書10章参照）。

　人事管理とは何か。それは企業において働く者の労働力の管理であるとともに、労働力の所有者である人に対する管理でもある。前者は生産力の管理であり、効率性に依拠した生産の原理に基づくもので、後者は働く者およびその家族に対して福利の向上を目指す目的を持つものである。

　最近になって福利厚生制度を外部企業に業務委託する企業がある一方、生産力管理に連動させて（＝退職金や福利厚生を業務に連動させる）業務向上を図る企業がある。生産力に直結した企業福祉である。

　わが国の経営環境は発展途上国参入により企業間競争が激化し、厳しい対応を迫られている。リストラによる人件費の削減を目的に、正規社員をパート社員、派遣社員、アルバイトなど非正規社員に代替させたり、雇用環境の悪化から生ずるサービス労働を増加させるなど、それによるストレスをうまく取り込めない就業者の生体の不均衡が顕わになっている。そのうえ組織の改編が相次いで人間関係が崩壊し、うつ病や統合失調症患者が増加している。社会経済生産性本部の「産業人メンタルヘルス白書」（2005〜2011年発行）によると、心の病で1カ月以上休む社員のいる大企業は89％、「生産性の低下」を懸念する企業は6割を超えている。また2002年度には、労災160件、うつ病など精神障害の労災認定も100件に達し、過去最多を記録した。

自分は組織のどこにいる

　上司からの労働強化に発し、過労からの自殺、その自殺にまではいかないうつ病になって休暇を取る。そしてまた休暇を取った会社員の半数近くが再度発症し、病床につく。いずれも人生これからという人たちである。

　人間は会社組織の中で生体的組織に外部からの異常な刺激（ストレス）を受け、生体の刺激（緊急反応）の活動化に陥る。絶えず受けている刺激の中ですべての人間が組織の中で活動している。ときには不安に襲われ、それが長く続くと、

頭痛がしたり、心身の不調に悩まされる。誰でも経験することである。

　生体としての人間は環境の中に生きており、環境の刺激に対して常に反応しながら血圧、体温、新陳代謝、脈拍など内部の機能を恒常的に保っている。生産力の一面と、その所有者としての人間的側面に峻別されたとしても、ともに人事管理の対象に位置づけられる。そして職務の変遷と、それに対する最適人材の登用という効率性の中で、職務にふさわしい人材かどうか、企業の目標に合致しないのではないか、という焦りと不安を抱くあまり、自己に対するコントロールを見失ってしまう。うつ病は「心の病」と呼ばれるほど身近な病気になり、年間3万人を超える自殺者との関連が懸念されている。症状が顕現する経営において、目に見えない「心の問題」について正しい生体としての人間が理解されず、それによって生体内外の環境変化に正しく適応していない、自分はどこにいるのか、人間のモデルを観察する。生体としての正常な自分が、経営における人間にとって欠かすことのできない認識である。

　生体としての諸機能は、それぞれの個人の置かれたストレス、緊張に対応して神経系と内分泌系の働きによって最良の状態に保つように作られている（本書57頁参照）一方、ストレス状態が続くと調節機能や、環境対応の気力を失い、また仕事の社会的状況によってストレスにもまた変化が起こる（本書59頁参照）という、様々な影響が生体に現れる。また、個人と経営との関係、上司の管理・指導の能力、経営制度（労使の関係）によって個人に与える緊張の度合いは大きく相違する。自分でストレス克服戦略を立て、自らの働く喜びを創らなければならない（本書13章参照）。

　経営学を、現実の問題に答える科学的知識ないし方法であるとするなら、経営学発展の過程において、ある時期には現実の問題の解決の方法は、例えば工学が重視されたり、またある時には心理学、社会学、経営学といった学問分野と関連して解決の方法が動員されてきた。それゆえ解決の方法は様々な学問と関連して、現実の問題にそれぞれの分野の学問的使命によって問題の解決をはかる。管理の問題についても、管理が生起する類似の対象を取り込むのに何らのためらいもない。

　筆者は現実の問題に答える学問的要請から生理学を検討して、経営における人間を、個人を取り巻く環境からたくさんの刺激と、それに反応しつつ社会生

活を営む人間として吟味することを痛感する。そして生体としての人間を生気させるために、柔軟な労働時間が生体にふさわしく組み立てられる企業経営を望んでいる。研究の過程での必要性から、2003年4月、中央医療学園専門学校（東京都荒川区）夜間部鍼灸科に入学し、解剖学、生理学などを習得した。

経営の一般的背景

　人は一たび組織に採用されるならば、いずれの勤務形態であっても、身分、地位に基づく社会的、経済的立場は保障され、それに対する組織からの任務の要請にこたえなければならない。それはドイツ国内法、ヨーロッパ経営協議会規則（ドイツの経営体制法、本書30頁）によって協働者の身分が規定され、企業の共同決定に関与して経済委員会、経営協議会の制度的活動を通して、勤務する者の職場の保障およびその立場が確保される。

4. 経営管理に直結する人事政策

　経営管理における人事政策の初期の研究は、常に目標を定めた企画である。正規に採用された者、パート労働を目的に働く者すべてに対して企業経営における人事の状況を明らかにしなければならない。人が企画に従って調達され、配置、人事開発そして解雇と、一連の人事政策がとられる。これは水平の雇用サイクルとして考えられる。

　この水平的雇用サイクルである直接的人事諸機能に対して、垂直の過程は人事政策に従ってすでに調達されている場合、人事配置、人事開発、場合によっては解雇まで続く様々な段階にある具体化と支援に役立っている。この過程は、直接の人事政策による価値創造過程のために、支援的および資源形成的性格を与えられる。

　水平的、垂直的過程は互いに関連され、ともに包括的な人的資源管理を性格づけられ、すべての過程は量的、質的そして一部戦略的にも整頓されている。1つの部分に分けての対応は必ずしも容易になされえない。人事必要企画および調達は、例えば量的および質的にも同様に操作的に適用される。そのさいすべての領域で異動を含む重点は、人事管理と人事コントローリングの際に操作的および量的側面を認識させる。質的に特に戦略的人事として整理されるのが、

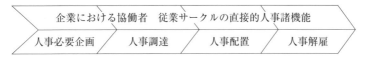

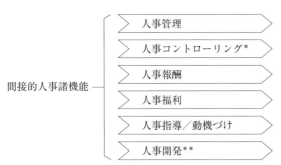

＊人事マネージメントの課題をより効果的に構成することが肝要であるなら、人事コントローリングは特別の意味がある。それは人事経済的プロセスの企画、操縦および統制を企業の経済的成果に合わせることに役立つ。それは企業コントローリングの統合的な構成要素である。課題の実現の場合とりわけ人事情報システムのデータに手をつける。

　人事コントローリングは人事マネージメントの個別の機能を結びつけ、人事企画とコントロール間のつながりを作り出す。そのうえ人事経済的意思決定の戦略的作用を分析し、かつ人事領域にとって重要な環境変化を早期に発見し、適用戦略を定めることを助ける。企業の新しい戦略的目標の結果が分析される。これから先の人事コントローリングの課題は、手段を開発することにある。その援助によって人事労働の企業の成果に対する作用が見積もられる。そのうえ、人事の隘路そして戦略的地域計画の実現に対するその影響を発見するために、早期警戒システムとして役立つ。

　人事コントローリングはそれゆえ統合と調整に役立つ。予測することおよび分析すること、そして助言する機能を持っている。それは隘路と目標グループ志向である。

＊＊人事開発は、企業にとって特殊な知識や能力を斡旋して継続および一層の教育を包含するが、付加的に全体として資格改善に強く焦点を合わせる。次いでここに含まれるのは、個人の社会的能力もある。それゆえ全体的個性の一層の教育が肝要である。

図3-2　人事政策の戦略的および操作的諸機能

人事開発である。

3章　人事政策の諸課題　　11

5. 人事管理から人事マネージメントへ

　グローバル化で人件費が安い新興国が製造現場として台頭し、モノづくりの
あり方を大きく変えるデジタル化も進んだ。競争の大前提が変わる時代に求め
られるのはコツコツとしたカイゼンではなく、大胆な発想の転換だ。現場に頼
り続けたことが日本企業にひずみを招いていないか。

　すでにモノ作り神話が揺らいでいることはデータが示す。日本生産性本部に
よると2000年にアメリカに次ぐ2位だった日本の製造業の労働生産性は、2014
年に独英仏に抜かれ11位に転落した

　日本では成長のためには長時間労働がやむをえないとの風潮があった。しか
し経済協力開発機構（OECD）加盟国のうち日本の就業1時間当たりの労働生産
性は21位。日本人の働き方の非効率さを示している。上位10カ国にうち、9
カ国は欧州勢である。

　日本の年間平均労働時間は34カ国平均を下回る。それには労働時間が短め
なパート労働者の増加が寄与している（日本生産性本部「労働生産性の国際比較
2018」）。生産性ランキングが低位から抜け出せないのは、労働時間が長い正社
員の非効率さの表れとも解釈できる。

　その間、年功序列、終身雇用による日本的経営は、効率性、有効性の点で逆
行する欧米の経営とは異なる方式によって経営の能率を志向した。今日でもな
お、長期雇用を念頭に職場での人材の適用が行われている。したがって、柔軟
に雇用の調整ができないから、仕事量が増えたら、人手を増やさずに個々の社
員が働く時間を長くして（自宅での仕事を含めて）対応する。超過労働時間を法定
労働時間以内に切り詰めて申告し、無難に処理をする。社員の身体的負担に関
心が寄せられるところである。

　1970年代からの新しい情報を獲得し、創造し、その結果新しい思考・行動様
式と構造が形成される組織の進化によって、マネージメントの活用が、事業活
動の内部環境をつくる要因とか新たな経営管理のあり方に運用される。

　人事制度の枠組みにおいて特に人事的対策の合法性や生産性が前面に挙げら
れるなら、人事マネージメントは特に次の目標を追求する。

表 3-1　人事管理から人事マネージメントへ

	人事管理	人事マネージメント
目標	・合法性 ・労働生産性	・満足 ・経済性
指導像	・官僚制（管理の方向づけ）	・市場（競争の方向づけ）
人間像	・同一者 ・基準労働力	・複雑者 ・組織成員
科学的基礎	・法律 ・管理科学 ・エンジニア科学	・経営経済学 ・管理科学
環境状態	・静的	・動的
推進力	・立法機関	・競争
手段	・職務指示および管理規則 ・経験者 ・階層 ・公式の資格	・給付志向の刺激システム ・参画 ・人事コントローリング ・グループ作業

出典）Holtbrügge, *Personalmanegement*, Springer, 3. Auflage, S. 2.

・満足：人事管理から人事マネージメントへの変化に伴って人間像の基本的変化が起こった。協働者はもはや生産諸要素として把握されないで、組織構成者として、そのできるだけ高い労働満足を収めることを考慮して、決定の際その要求および資格が顧慮される。それに伴って組織や労働心理学のような行動科学の認識に関して強化された適応と統合が起こる。

1）経営における組織の変化

　企業を組織体の一形態として捉え、組織体の管理・運営のしかたを対象とし、支配者というよりは集団的行動の調整と統一のために選ばれた代表者であり、主体的活動が重視される経営者とともに、「集団の目的を達成する上に必要な組織的な努力のために内的環境を作る仕事」であるマネージメントでは、ネットワークの組織化がすすむにつれて経営主体の内に潜んでいる総合力の発揮を方向づけるマネージャーの意味での指導者、指導的立場の人が、個人的力の発揮よりは、全体の調和的な力を探り出すための中枢的存在となる。

　企業が行う給付生産は、人、モノ、金、情報という基本的要素を組み立てる

経営組織の活動である。人間の労働はこの関連によって、つねに高められる大きな意義がある。人事マネージメントは、人材という資源を調達しそしてその配置を適切に操作する課題を持つ。しばしば概念として、人事経済（大抵人材資源の最適配置に携わる経営経済の科学的な部門を表す）、人事制度（規格化された処置の方法）および人間資源管理（技術的、経済的、社会的環境のすべてに影響され、様々に反応する資源としての管理）と類語ないしは同様の意義にも用いられる。

人事マネージメントの担い手は人事部、企業管理および直接の指導的立場の者である。また、直接の目的、生産、販売、購入などに対して、管理は補助的として、目的に対して効果を高める役割（金融、教育、安全、情報など）を果たして、全体の目的に貢献、この管理の充実が生産、販売など一層の助け、ひいては経営組織の全体の活性化につながる。

間接機能の重視は、直接部門に対する直接のコントロールが高まり、人事政策と直結する任務である。

主体とその対象との関係や、その関係のあり方を対象関係と呼ぶ。対象関係における主体とは、自我や自己であり、その対象は、人だけでなく、モノをも含み、あらゆるものが対象になる。またその関係についても、生理学的適応から、知的認識の関係まで様々な関係を含む。したがって対象には、一人の人そのものを対象とする全体対象、手や足など、対象の一部、一面を指す部分対象、現実の対象、幻想上の対象など、様々な場合がある。

重要なのは自我と、自我が依存や愛着を示す対象との間の複雑な感情、情緒的発達の関係である。その中でも、個人が成長する関係、協働者の集合との関係が考察される意味の対象関係がその中心となっている（欲求を満たす）。

例として、人事の世話は人事部門の重要な質的任務の位置にある。それは世話の対策上であり狭義と広義に区分される。

狭義における人事の世話は経営的社会制度を包む。その一部には、すべての制度、対策および、取り決めた報酬を超えた協働者に与える給付がある。これは法的なまた協定による社会給付ならびに相応の取り決めが経営の平面にある。企業の任意的経営的社会給付（福利厚生制度）はしばしば、いわゆるカフェテリアシステムによって提供される。これは、各々協働者が、前もって定められた代替の方法から彼の望む任意的社会給付から相応の個人的な要求を、定められ

た予算の範囲内で選択することができるというものである。この場合異なる基準に従って、例えば経営の所属あるいは家族の大きさに従って段階が作られる。この個人の選択の自由は、任意的経営的社会給付の主観的に感じられる有用水準を大きくする。同時にしかしその都度の管理費用も高くなる。

広義における人事の世話によって特に質的諸要素は好ましく影響されるだろう。ここで一部は、特に労働におけるや指導状況による満足、経営の利害関係についての十分な情報ならびに転職の場合における積極的な協力がある。目標は、内部に向かってのマーケティングによって給付の担い手に企業への結束を確保するために、協働者の元気を増大することにある。

個々の協働者グループの特別の要求と欲求を見分け満足させるために、人事領域においてしばしば目標グループに向けられた組織が、それが外部の顧客に向けられた外部のマーケティングをも眼をかけるように構成された (Töpfer, *Betriebswirtschaftslehre*, S. 925)。

2）雇用の多様化

労働を効率的に利用することを目的にする人事管理は、人間的要素を人間資源として捉え、行動科学の成果を人事管理に適用する形で人事管理論の進展をはかった。

人間資源の人事管理論は、さらに人間労働の要素を技術的、経済的、社会的環境のすべてに影響される資源として、環境が変化する特殊な条件により、様々に反応する人間行動が見出されるとした。

事業の再構築、事業の再編成によってこれまで不変であった組織の目標が変わり、硬直的な組織に代わって変化のプロセスとその適応がはかられる。組織のフレキシビリティの要請には非正規労働者をもってこれに対応する。

非正規労働者の職務内容を、現勤務先で就業形態別に職種構成を上位5位まで見ると（1994 年旧労働省調査。拙著『経営管理と環境管理』252 頁）、

（a）出向社員　　管理 (28.1 %)、事務 (28.0 %)、専門・技術 (17.7 %)、技能工・生産 (12.8 %)、販売 (3.9 %)

（b）派遣労働者　　事務 (61.2 %)、専門・技術 (30.2 %)、サービス (3.7 %)、定置機関・電気 (2.0 %)、保安 (1.6 %)

3章　人事政策の諸課題　　15

(c) パートタイマー　　事務 (24.4 %)、技能工・生産 (21.6 %)、販売 (15.2 %)、労務 (15.1 %)、サービス (15.1 %)

(d) 臨時・日雇い　　技能工・生産 (24.9 %)、事務 (20.1 %)、労務 (17.7 %)、サービス (8.7 %)、建設 (7.6 %)

(e) 契約・登録社員　　事務 (29.5 %)、専門技術 (26.1 %)、サービス (7.4 %)、販売 (7.2 %)、運輸・通信 (6.6 %)

　企業の組織課題に取り組む戦略的対応に応じて労働条件の多様化がすすむ。経営者はコストの高い正社員を増やさず、非正規社員によって仕事の繁閑への柔軟な対応を試みている。最適人事投入には、職場の要請に協働者能力との最良可能な一致が求められるから、非正規社員も通常の社員と同様に管理の対象となる。

　事業の再構築、事業の再編成によってこれまで不変であった組織の目標が変わり、硬直的な組織に代わって変化のプロセスとその適応がはかられる。組織のフレキシビリティの要請には、非正規労働者をもってこれに対応する。

　様々な就業形態によって働く従業員を職務に対応させ、正規労働者と混在・共存させながら、それぞれの課題を遂行させる組織の組み立てが試みられる。

　雇用の多様化がすすみ、正社員との代替によって非正規社員が雇用主体に占める割合は、2001 年には 34.1 % になっている。経営にとって仕事の揺れ、委託営業、疾病あるいは休暇など人事の空白が隘路になるのを避けるため、または柔軟な形態の人事配置として非正規社員が雇用される。一方個人は超過勤務、時間外労働を強いられる。労働時間の柔軟な使い分けが求められる。長期の身体的・精神的給付能力を求められる日本的雇用体制の現れである。

4章

生理学的基礎

生体には様々な種類に分化した細胞が、それぞれ独自の機能を分担した組織を作り、機能する。また同じ性質の機能を持った組織が一定の系統に組み合わされて一つの機能を持つ器官を構成する。これらのそれぞれ異なる機能を持つ諸器官を、調和のとれた個体として調節する（恒常性の維持）ことによって、生命が維持される。

1. 人間の身体としての構成段階

人間に対する前置き

生きていない構造と対立するすべての生物—バクテリア、植物、動物あるいは人間も含めて—は、いくつかの特質を指摘できる。それらは細胞や組織機能の極度の一致によって成立する。

代謝

代謝（物質交代）のもとで、常に有機体において産出の増成と廃棄に使える細胞や組織において経過する科学的な反応が理解される。

- ・膵臓のB細胞におけるインスリン形成
- ・小腸内での高い円柱形の上皮による栄養素の摂取
- ・肺胞の単層の上皮による酸素の拡散

興奮しうること

興奮しやすいことには、有機体の内部や外部の変化（例えば暑さ、冷たさ、暗さ）を受けてそしてそれに応える一つの有機体の能力がある。情報の受け入れは特殊化した感覚器官と結びつき（例えば温度や苦痛の受容器）、情報処理や刺激応答が主に中央の神経系の神経組織において行われる。

17

内部コミュニケーション

　有機体はつねに、変化する内部（流動性不足）や外部（例えば熱）の条件にもかかわらず一定のバランス（ホメオスタシス）を維持しようとする。身体の迅速な適応能力は内部のコミュニケーションの援助で行われ、そして身体の健康の維持にとっての前提となる。

　情報の交換を次のシステムが保証する。

　・神経組織は電気的刺激を 1 秒あたり 100 万回仲介する。
　・ホルモン系は目的細胞において内部細胞の代謝経過を変える。
　・免疫系（保護系）は、疾病惹起また異状体をすべての組織において存在しうる多数の物質や細胞（例えば抗体、食細胞）によって防御する。

運動

　人間は、外部の刺激に積極的に運動（筋肉組織の収縮）によって反応しなければならない。有機体の内部にはさらなる運動の形態がある。

　・顆粒球は通常は血管のなかをとおって組織へ入る。
　・精液細胞（精子）の場合、一層の運動は鞭毛（糸状の細胞取り巻き）によって行われる。
　・繊毛は一様に動きそして液体あるいは小さな粒子を一定の方向に運ぶ。

成長の定義

　萎縮：組織（器官）の細胞量の縮小、あるいは細胞数の減少によって退化する。

　肥大：細胞（組織、器官）が一定にとどまる細胞数の場合、細胞量の増加によって拡大する。

　過形成：組織（器官）の細胞数の増加によって拡大する。

　人間の身体の発展にとって成長は重要な役割をする。成長は次のように行われる。

　・存在する細胞の拡大
　・細胞数の向上
　・基礎物質（例えば骨のミネラル物質）の増加
　・繊維の増加

分裂能力

　上皮、結合組織、血液系統と生殖細胞は分裂のための能力を有する。この分

裂能力は成長、一層生殖そして治癒事象の一つである。

分化

すべての高度な有機体は、受精した卵細胞からの分裂によって発展した多数の細胞から成り立つ。その発展の過程において細胞が分化 (特殊化) し、その環境において生き残ることを有機体に可能にさせる。

2. 生活の条件

原子、分子そして細胞

原子、すなわち身体の最も小さい化学的な構成要素は、分子に統合される。次に大きな個体は細胞小器官を構成する。それらは分子に対してその周囲にある皮膜によって境が付けられる。その機能は健全な (あるいは変えられた) 細胞核からの遺伝的な基準によって決まる。より多くの細胞小器官はある細胞、すべての生きている生物体の基礎個体に結ばれる。

細胞代謝は、例えばある細胞の細胞産出は全体の生物体に役立ち、また健康や疾病にとっての出発点である。健全な代謝の例として細胞における生理学的脂肪分解がある。病理学上の代謝の場合、外部の (例えばアルコール条件つきの) あるいは内部の疾病原因 (代謝異常) が脂肪、およそ脂肪肝の場合、病気による沈着とともに分解変化に導かれる。

組織、器官そして器官系

組織は、同じ分化や機能とともに細胞や細胞間構造の結合であり、その場合器官は様々な組織から成り立っている。器官系は多くの器官を共通の機能によってまとめている。

解剖学と生理学は、一人の健全な身体から出発する科学的な原則である。解剖学は健全な人間の身体の学である。それは身体部分の状態や位置関係 (局所解剖学) を記述して、健全な細胞 (細胞学＝細胞の学) に従事し、健全な組織の構造 (歴史学) を調査する。生理学は正常な身体的な機能に携わる。

4 章　生理学的基礎　19

1）中枢神経系の機構
（1）神経

神経系は、生体内外の環境変化に関する情報を脳へ伝達したり、情報を処理・統合したり、脳の情報を筋や腺に伝達したり、生体の各器官の働きを調節する。

神経系は、その機能の中心となる脳と脊髄からなる中枢神経系と、中枢と身体の運動や感覚機能を支配する体性神経系および循環・呼吸・消化などの各種の自律機能を支配する自律神経系とを含む末梢神経系とに分類される。

末梢神経系は受容器で受け取った情報を中枢神経系に伝えたり、中枢神経系の情報を効果器に伝える役割を果たす。

図4-1のように、刺激は求心的に中枢神経システムに届く。刺激への応答は、適切な反応として決まった処理と構想に基づいて遠心的に対応する筋肉を動かす。

 a 神経組織

神経組織は神経細胞（ニューロン）とその支持細胞からなる。

ニューロン：細胞体・軸索・樹状突起

支持細胞：シュワン細胞・髄しょう・グリア細胞

軸索輸送：軸索を通る種類の物質の輸送

軸索 ア．情報伝達機構（細胞膜上の電位変化としてはたらく）
   イ．神経細胞体から神経終末へ、または逆に神経終末から神経細胞体へ物質を輸送する管としてはたらく

＊脳・脊髄から分かれて全身に広がる神経線維のはし

図4-1 末梢中枢神経システム

b　神経線維の興奮と伝導

活動電位：細胞が静止状態にある時の膜電位（内と外との間の電位差約−60〜90 mv）を静止状態というが、ニューロンが活動するとき、膜電位に短時間に陽性方向（＋）の変化が生じる。活動電位は閾値以上の刺激であれば、以下のように一定の形と大きさをもって変化する。

⑦膜電位が閾値に達すると Na^+ の透過性が増加する

⑦Na^+ の細胞外から細胞内への流入が増加し、膜電位は急速に正方向へ変化する―脱分離

⑦膜電位が負から正に逆転する―オーバーシュート

⑦K^+ の透過性が増大し、K^+ の細胞外流出が増加して、Na^+ 流入による細胞内生電位の増加を打ち消す―再分離

　正電位の流入が Na^+ の流入を超過させる

　K^+ 膜電位は負の方向に向かう―後電位

⑦元の静止電位に戻る―静止電位

(2) 興奮の伝導と伝達

伝導の一般的しくみ

活動電位が細胞膜に沿って次々に発生していく。

⑦細胞膜の一部が興奮して活動電位を発生（膜電位は逆転して細胞内側が＋となる）

⑦隣接部との間に電位差が生じて局所電流が流れる。

⑦′この局所電流により、膜電位は脱分極され、新たな活動電位を生じる。

⑦′活動電位が通過した直後の膜は再分極した状態にあるため、活動電位は発生しない（絶対不応期）

興奮伝達の３原則

絶縁性伝導―1 本の神経線維が興奮しても隣接する他の神経線維に興奮は起こらない。

不減性伝導―神経の直径その他が一様な場合、興奮の大きさは一定の大きさで伝導する。

両側性伝導―順行性伝導（生理的方向）と逆行性伝導が起こる。

4章　生理学的基礎　　21

興奮の伝達

　シナプスは1つのニューロンが次のニューロンに連絡する接続点であり、信号伝達を統御するのに都合の良い場所である。また、シナプスは神経系の中の信号の伝わる方向を決定している。

　㋐中枢神経系のシナプスの伝達

　興奮性シナプス：興奮を次のニューロンに伝える。神経伝達物質により、シナプス下膜に脱分極が発生し、それが閾値に達すると活動電位が発生する。

表4-1　人間の器官系

器官系	所属する構造	重要な任務
皮膚	・皮膚と皮膚につながる形成物（毛、爪、皮膚腺）	・外部影響に対する身体の保護 ・寒暖、圧迫そして痛さを感覚器官として伝える
運動支持系	・じん帯、腱そして筋を持つ身体のすべての骨（骨格）	・積極的な身体運動を可能にする ・血液細胞を形成する骨髄を収容させる
神経系	・脳、脊髄、神経	・ほとんどすべての身体活動の操縦と迅速な規制 ・内部環境（例えば温度中枢）の規制中枢
ホルモン系	・腺と組織、ホルモンやホルモン類似物質を生産する	・ほとんどすべての代謝活動の弛緩な規制
免疫系	・白血球、リンパ節のシステム	・身体に異質の物質を認識し、対応する ・炎症や治癒プロセスの促進
呼吸系	・呼吸路（鼻、咽頭、喉頭、気管、気管支そして肺）	・呼吸ガスの交換 ・酸塩基バランスの維持の際にも作用
心臓循環系	・心臓、血管	・酸素、栄養素そして代謝生産の移送
消化系	・口、食道、胃、腸、肝臓、膵臓	・栄養素の吸収 ・代謝生産物の排泄 ・肝臓：化学的な合成工場
尿路（泌尿系）	・腎臓、尿管、膀胱、尿道	・尿の生産と排出 ・流動性と電解預かりの規制 ・酸塩基バランスの維持
生殖系 （生殖器系）	・男性：精巣、精巣上体、前立腺、精嚢と陰茎 ・女性：卵巣、卵管、子宮、膣と乳腺	・有機体の生殖

⑦抑制シナプス：興奮を次のニューロンに伝えない。

シナプス後抑制─シナプス下膜に過分極が起こり、興奮性が低下する。

シナプス前抑制─シナプス前終末からの興奮性化学伝達物質の放出を減少させる。小さな興奮性シナプス後電位（EPSP）しか発生しないため、活動電位が発生しない。また、多数のシナプス前線維の興奮によりEPSPが大きくなる（加重という）こともある。これは、前繊維に加える刺激を時間的に少々ずらすことによっても起こる。この加重は空間的にも時間的にも起こる。

中枢神経系の各ニューロンの細胞体と樹状突起には、通常数十から数千に及ぶ興奮性や抑制性のシナプスが接続している。

興奮性シナプス後電位（EPSP）は、興奮性の影響を持つ神経線維の活動電位インパルスが、オフ線維→オン線維→とシナプスに到達したとき、次のニューロンの膜に生じる電位の変化であり、これは脱分極の方向への局所的変化である。この電位が荷重すると、ニューロンによるインパルスの発射につながる。

抑制性シナプス後電位（IPSP）は、抑制性影響を持つ神経線維の活動電位インパルスが、オフ線維→オン線維→とシナプスに到着したとき、次のニューロンの膜に生じる電位の変化で、これは過分極の方向への局所的変化である。ニューロンの発射頻度は、興奮性シナプス後電位を導くインパルスが、抑制性シナプス後電位の原因となるインパルスを卓越する程度によって決定される（『ステッドマン医学大辞典』1413頁）。

（3）情報の発散と収束

1本のシナプス前ニューロンの軸索が多数の側枝に分かれて、求心性の情報は中枢神経系のいろいろな部位へ達する（発散）。また、多数のシナプス前ニューロンの樹索が、同一の1個のニューロンにシナプスを収束して中枢神経内で情報を統合することが可能である。

（4）情報の促通と閉塞

神経系では多数のシナプス結合がみられるが、これらの部位では興奮性および抑制性効果の相互作用によって、神経系の高次な情報の統合作用が行われる。

神経伝達物質

興奮時にシナプス前の細胞から放出され、シナプスを横切ってシナプス後の細胞を刺激または抑制する特異的化学物質（アセチルコリン、アミン5種、プリン2

4章　生理学的基礎　　23

種、ペプチド 28 種以上が知られている）である。どんなシナプスでも 2 種類以上の神経伝達物質を放出すると思われる。シナプス前の細胞から放出された神経伝達物質が、シナプス前からの伝達物質の放出を調節するといわれている（『ステッドマン医学大辞典』1179 頁）。

定義

神経伝達物質：前シナプスの小胞に軸質を貯え、シナプスにわたって興奮管理を行う実体である。

筋無力症：神経筋肉の刺激伝達の妨害による自動免疫のある疾病である。運動性の最終プレートのアセチルコリン受容体は、自己抗体によってブロックされる。症状は骨格筋肉の負担に依存する疲労で、特に命に関わることとして注意すべきは嚥下と呼吸麻痺である。

神経系の機能にとって様々な神経伝達物質の均衡は基礎的意義がある、その際、小胞の中でいつも様々な神経伝達物質が存在することから始められる。中枢神経システムにおいて神経伝達物質のバランスが崩れると、心的あるいは身体的な疾病が現れる。多数の精神薬理は神経伝達物質の切り盛りに介入する。

主な神経伝達物質として、以下のものがある。

- アセチルコリン。中枢神経システムが離れるすべてのニューロン繊維神経伝達物質。それは運動性の終端に作用し、自律神経の神経システムにおいて大きな役割を果たす。アセチルコリンは原理的に興奮して後操作に作動する。それは酵素アセチルコリンエステラーゼによって分解される。
- ノルアドレナリン。交感神経に分類され、例えば周辺の血管障害（そして同時に血圧の上昇）につながるシナプスに存在する。
- ドパミン。特別ピラミッド系の運動の操縦によって大きな意味がある。
- セロトニン。心に状態、睡眠・起床リズム、栄養摂取および痛覚に影響を与える。セロトニンの不足は内因性の抑うつの発生の原因として議論される。

2）中枢神経系の統合機能

（1）概説

生体を生理学的に眺め、刺激反応のプロセスとして考察すれば次のようにな

る。生体内外の刺激を受容器で受け、視・覚・味・皮膚・関節など感覚神経、内臓などの求心性を通して脊髄・脳に伝達され処理、調節される。そして脳の指令を運動神経、交感神経など遠心性を通して効果器に送り出す。この一連のプロセスが人間の生体系神経の正常な情報処理であり、環境からの刺激に応じた活動である。

（2）反射機能の統合

反射活動や本能行動に見られる神経系の統合であり、刺激を受けて無意識にはたらく体の仕組みである。

反射動作として感覚器から知覚神経に、そして反射中核に指令を出して運動神経に伝わり骨格筋に反応する。その経路は反射弓と呼ばれる受容器・求心性神経・反射中枢・遠心性神経・効果器から成る。

（3）自律神経の統合機能

生体の内部環境の維持に必要な血圧、血糖値、体温、消化吸収などの機能は運動機能や感覚機能と異なり、無意識のうちに自動的に調節されている。この機能を調節する神経を自律神経といい、この自律神経は交感神経と副交感神経という互いに相反するもので、両神経の作用のバランスの下に恒常性が維持されている。

この自律神経は平滑筋、心筋、分泌腺などを支配し、その多くのものは不随意機能である。ただし、すべての自律機能が必ずしも不随意とはいえない。例えば膀胱の収縮やその括約筋の緊張は自律神経系に支配されている不随意機能であるが、尿意は意志によってコントロールされている。

　a　交感神経系：胸髄（T1～T12）と腰髄の測角にある交感神経細胞から出発し、運動神経とともに前根を通って脊髄につながった交感神経に入る。ここまでの軸索を節前線維といい、第1のニューロンである。交感神経はここでニューロンの変わるシナプス連絡をして第2のニューロン（節後線維）としてさらに進み、腹腔神経節や腸間膜神経節で支配臓器に分布する。交感神経は胸部の臓器には促進的に、腹部の臓器には抑制的にはたらく。

　b　副交感神経：脳神経のうち動眼神経、顔面神経、舌咽神経、迷走神経と仙髄（骨盤神経）に含まれる。副交感神経は胸部の臓器には抑制的に、腹部の臓器には促進的にはたらく。副交感神経は平時にはたらいているが、特に興奮し

た後に作用して機能の高まりを抑える。

　　c　自律神経調節の特徴

　㋐生体のほとんどの自律性の臓器は、交感神経と副交感神経との二重神経支配を受けている。

　㋑交感および副交感神経は、それぞれの効果器に及ぼす作用は一方が増加すれば他方が減少するというように、相反する拮抗神経支配のもとにある。

　㋒交感神経と副交感神経は、それぞれの臓器に絶えずトーヌス（自発性活動）を送っている。このようにして双方が自律神経中枢の支配を受けて生体の平衡バランスにはたらいている。

（4）感覚系機能の統合

　感覚器は一種類の刺激に対してそれぞれ特有の感覚性があるように、生体の内外にある様々な器官によって、内外の様々な環境変化を察知する。この機能は感覚という自覚的で意識にのぼる反応である。生体内外の環境変化は求心性神経を介してすべて大脳皮質のそれぞれの感覚中枢に到達し、個々のニューロンを興奮させ、それによって過去の経験や他の感覚情報と照合し、感覚として認知される。

（5）運動系機能の統合

　物を掴んだり、座ったり、歩いたり、走ったりする運動・動作や、顔の表情・手の細やかな動きなどの複雑な運動には、骨格筋の伸縮がみられる。この骨格筋は中枢神経から筋に伝える運動神経と、筋の状況に最も適した行動、表情をとるように中枢神経に伝える感覚神経との双方の働きがある。

　種々の骨格筋が繰り返し髄意的、持続的にはたらくときには、大脳前頭葉からの命令に従う。その刺激は側頭葉の運動野を経て必要な運動神経に命令が伝えられる。その際運動中枢が、脊髄・脳幹・視床・小脳・大脳基底核・大脳皮質（新皮質）など広範囲にわたる髄意的調節に関与する。運動命令は運動性皮質（一次運動野と連合野の一部である運動前野と補足運動野）から発せられ、脊髄・脳幹などの運動神経に伝えられて運動が行われる。

　この骨格筋の運動は、一方で進展された張力受容器からの刺激が呼吸運動を促進し、他方において心臓機能を促進し、さらに静脈還流の血液を増加させ、血液循環が激しさを増す。

これら運動機能は髄意的に行われる調節であるのに対して、意志とは関係なしに反射的に行われる反射性運動調節がある。これは主として脊髄・脳幹レベルにおいて行われるが、意志による髄意的な調節には大脳皮質の関与が重要となる。

(6) 連合野の情報

連合野は運動野や感覚野を含めた大きな領域（新皮質）を占めており、その中には前頭・側頭・後頭連合野などに係り知能、思考、判断、創造そして学習など、言語にまつわる機能を備えている。そして意識、記憶、睡眠、覚醒など他の脳の部分と回路がつながっている。

連合野は発生学的には新しく、高等動物に最もよく発達した部位であり、複雑な情報に還元される。例えば何かを"見る"とき、まず視覚機能で感じ取り、何を見たかについて記憶、学習、知識など様々な視覚野周辺の連合野から情報を集めて見定める。次いでこの情報をもとに、見たものが何の役に立つのか判断する。このため、この複雑な対応にニューロンが合わせ、行動へと刺激が伝わっていく。

(7) 人間の行動機能の統合

人間は、前頭連合野、特に運動前野、補足運動といわれる部位で、個々の運動の統合やその準備過程に関与するのに対して、大脳辺縁系によって、すなわち、群れをつくる本能行動および喜怒哀楽からの情動行動に伴う自律機能調節は、逃避や闘争などの行動と直結して起こる防衛反応によって、立毛、呼吸の亢進、血圧上昇、腸運動の低下、腸血流の減少など自律機能の反応が起こる。これら自律機能の反応は視床下部（前・後視床下部）において統合され、これはさらに高次中枢である旧皮質系、古皮質系（大脳辺縁系）によって支配される。

この大脳辺縁系は、したがって新皮質にある側頭葉が浅い記憶、古皮質にある海馬が深い記憶と関係しながら、集団本能のもとに相手を求めて生活をしようとする。

個人が仕事、与えられた任務について、他人、特に上司から仕事に関して問われることは、個人の生産力に一層の圧迫を与えることであり、生体としての人間とは異なる次元の問題である。

5章

人事政策と労働時間の構成

1. 人事政策的適応と構成

　企業の目的は、企業の価値、行動指針、目標実現に向けた行動の対策としての人事政策、その政策を達成するための人事企画と一連の過程によって果たされる。しかし人事政策は、経営と社会における一定の事実と向き合っている。経営と社会との関係において適応と構成によって消極的、積極的な人事政策の行動をとらねばならない（内部の従業員の資格や員数、外部の賃金契約に相応する報酬の高さなどが消極的人事政策であり、将来の啓発や目標達成のため、自ら手段を前もって決定し、形成するのが積極的人事政策である）。消極的人事政策と同様に、積極的人事

表 5-1　経営協議会の任務

経営協議会の一般的任務（80 条）	経営協議会の強要できる共同決定権（87 条）
・被用者のために通用している法律、規則、経営協定、労働協約の順守を監視 ・従業員や経営に役立つ対策の提案 ・比較的重度の障害者や保護を必要とする者の適応を促進 ・経営における高齢被用者の就業を促進 ・若年や職業訓練生代表の選挙を実施 ・被用者鼓舞に関する受け入れや場合によっては一層の指導 ・経営における外国人の組み入れや外国人やドイツの被用者間の理解を促進 ・経営の環境保全の促進 ・家庭や職業の取決めを促進	・経営における被用者の経営的秩序や行動に関する問題 ・日々のまた 1 週間ごとのならびに休憩の規則 ・超過時間や労働時間短縮の採用を命令 ・被用者の行動あるいは業績を監視するのに適切である技術的制度の採用と適用 ・休暇の規則や休暇の企画についての一般的原則 ・労働災害や職業病予防の規則 ・社会制度の形式、構成および管理 ・経営の賃金構成問題、出来高払いおよび割増金額の取決め、労働報酬の支払いについて時間、場所や方法 ・経営の提案制度に関する原則

出典）*Duden Wirtschaft von A bis Z*, S. 323

29

政策は一つのものを共通に、すなわち動的な要素を持っている。

　ドイツにおける協働者はほとんどわずかであるが、直接人事政策的意思決定に関与している。そして彼らの利益は、主として制度化された仕方による協働者代表によって行使される。それは一方で経営協議会と、他方で企業の共同決定の枠組みでの管理および統制組織における協力が制度化される。経営体制法に従う経営協議会の重要な任務は表5-1の通りである。

2. 職場の構成[1]

1）働く手段と労働環境の構成

　人事投入の第二の次元として、職場の構成は特に労働科学の枠組みにおいてテーマ化される。労働生理学、心理学、社会学そして医学のような様々な一分野の枠組みにおいて職場の構成は、過度のまた一面の身体的および精神的な負担ならびに否定的な環境影響（気候、響き、機械的な揺れ、有害物質、照明、色彩など）を、協働者のできるだけ高い給付準備および給付能力を保証するために、減らすことを目指す。それに対する器具には労働手段（職場設備、道具、容器その他）ならびに作業環境（例えば事務所や工場構成）のエルゴノミーの構成そして整理がある。そのための一つの例は色彩の正しい選択である（表5-2）。

　ある効果のある職場構成の労働科学によって展開する基準には、これらが主に自然科学的分析に基礎をおいてまた心理学的ならびに社会的な視点にはもっぱら二義的な意義を認めることが問題である。そのうえ一人の協働者の労働満

表5-2　色彩の心理学的作用

色彩	距離作用	温度	心的な気分
青	隔たり	冷却	落ち着く
緑	隔たり	冷却普遍不覚まで	非常に落ち着く
赤	近接	温暖	非常に刺激的なそして不安にさせる
オレンジ	非常に近い	非常に暖か	刺激する
黄色	近接	非情に暖か	刺激する
茶色	非常に近い、狭い	普遍不覚	刺激する
すみれ色	非常に近い	冷却	攻撃的、不安にさせる、勇気を削ぐ

出典）グランドジャーン、1987年、332頁。

足にはもっぱら耐えられまた害を避ける職場構成になっていないことを顧慮されねばならない。それゆえ、彼にとって高い所得が"今後に現れる健康障害"よりも重要であること、したがって彼は出来高給、交代制労働、期限の慌ただしさ、騒音つき等をがまん（！）する。

2）働く場の潜在化 (テレワーク)

テレコミュニケーションや電子データ処理に関する展開 (例えば携帯電話、インターネット、ノートパソコン、LAN) は、多くの労働がもはや強制的に企業の設備の整った職場で行われねばならないのではなく、協働者の住宅 (在宅勤務)、あるいは潜在的に任意の場所 (モバイルワーク) で行われうることになる。これは特に銀行や保険会社、商業や交通、税や企業の相談ならびにその他の協働者と顧客の間に何らかの永続的な直接の相互関係を要求しないサービスで行われる。要請や具体的な拡大に従って様々なテレワークの形式が考えられる。

- 家に基礎づけられたテレワークは協働者の在宅での勤務活動のすべての形式を含む。それはもっぱら家であるいは在宅と企業において交代で行われる。
- センターを基礎にしたテレワークはそのため独自に整備されたサテライトオフィスあるいは近隣施設で行われる。このようなテレワークセンターへの権限分散によって顧客ないしは住居地近くでの労働は可能になるだろう。
- 敷地でのテレワークの場合、勤務活動は顧客あるいは供給者のところで行われる。協働者はその際、情報通信機器によって勤務先の企業と結ばれる。
- 自動のテレワークはすべての場所に関わらない労働ならびに外勤活動を含む。それらの場合、協働者は自動の情報およびコミュニケーション技術に手を付ける。

場所的次元と並んでテレワークはある時間的な次元を含んでいる。その場合、テレ労働の導入と共に労働時間の柔軟化も行い、あるいはこれが広範に信念を曲げないか見分けられうる (表5-3)。

特殊なテレワークの利点と欠点は、多数の経験的研究において調査されてきた。その際特に職業と家庭の調和 (ワーク・ライフ・バランス) が、個人的な協働者欲求の最善の顧慮ならびに構造の弱い領域において、またテレワークの利点

5章　人事政策と労働時間の構成　31

表 5-3　テレワークの場所的・時間的次元

時間 場所	同時	非同時
中心	企業所在地あるいは固定した労働時間を持つ、あるいはコアタイムを持つフレックスタイムとしてテレワークセンターにおける職場	企業所在地での職場あるいはテレワークセンターにおいて柔軟な労働時間が用立てられる
分散	在宅勤務、外勤あるいは固定した労働時間を持つ、あるいはコアタイムを持つフレックスタイムとして位置するテレワーク	在宅勤務、外勤あるいは自由で柔軟な労働時間を持つテレワーク

として、障害者のための新しい職場の整備が挙げられる。それにしかし障害となっているのは中心の個人的な欠点としての社会的な孤立化に対する不安または新たな指導および統制問題、セキュリティ問題ならびに高額な組織的および技術的費用である。それを超えてテレワークは、多くの労働法的問題およそ労働時間の統制のごとき問題を提起する。

　テレワークはより高い労働給付と満足に導くために、それゆえ、特に個々のテレワーク被用者とその上司との間の個人的なコミュニケーションの減少から、ならびに行動に方向づけられた統制形式（タイムレコーダー、出席や労働統制、直接の上司による監督等）の効率の悪さから生じる多様な調整および統制問題は解決されねばならない。この解決のために、個人的な目標基準に結びついた成果に方向づけられた統制の特殊な形態が投入される。

3）労働時間の構成[2]
　人事投入の第三の次元は労働時間の構成を表す。両者の他の次元の場合のように、その場合多くの目標葛藤が、企業指導と協働者の間に成立する（表5-4）。その比較には4つの構成パラメータが用いられる、そして長さないしは継続期間、日時・週・月・年、そして生活労働時間ならびに労働休息の構成がある。これらは以下のように説明される。

（1）労働時間の長さないしは継続（時間判定）
　労働時間の継続ないし長さの構成の場合（時間判定）、協働者のできるだけ高

表 5-4　労働時間構成の目標

企業指導の目標	協働者の目標
・経営手段の最適な利用 ・協働者能力を変動する生産能力に適応させる ・空白時間や過剰時間の回避 ・事故頻度、欠席および労働力変動の減少	・個人的および家庭の利益を持つ労働時間の個人的な調整（ワーク・ライフ・バランス） ・労働の稼得性格を和らげる ・避けられない心的また身体的負担を減らす

い全体給付の目指す結果を求めることが前提にある。経験的調査では、1 人の協働者の全体給付—労働内容と労働条件に依存—は、およそ 10～11 時間の毎日の労働時間まで低減的に高まり、そしてその後再び低下する。一つの労働時間は、人間の有機体の生物身体的な負担限界を規則的・本質的に踏み越え、ならびに頻繁な過剰時間は同時にバランスの取れた平均給付や労働満足を減退させる。平均給付の上昇によって、労働時間短縮の保障過剰 (心理) のこれらの現象は、すでにツァイス–ヴェルケ (Zeiss-Werke) の設立者、エルンスト・アッベによって 20 世紀初めに詳しく述べられた。

（2）労働時間の位置 (年代決定)

労働給付や満足は、長さによってではなく、労働時間の位置によって決められる。経験的調査は、協働者の給付能力および日中の災害頻度が強く影響する。だからおよそ交代制作業の場合夜勤における平均給付は、早番あるいは遅番勤務におけるよりはるかに少ない。給付能力の揺れはしかしすべての協働者の場合に等しく現れるのではなく、個人的諸要素 (バイオリズム) に依存する。労働時間の位置による協働者の満足は、それを超えて私的な、また家庭の利害ならびに報酬構成 (例えば夜勤や週の労働に対する割増料金) によって影響される。

協働者のこの個人的な欲求や利害は、供給での労働時間を整理する企業側と対立する。特に資本集中的生産の場合、時間をかけた生産状態をできるだけ均一にフルに運転させることが目指される。

通例労働時間の位置は、賃金協定あるいは経営協定によって規制され、あるいは使用者の指示によって定められる。

（3）労働休息

労働時間の第 3 の媒介変数は労働休息の構成である。労働の重さに従って、

次の目標が追求される。
- 中枢の疲労状態（心臓循環システム、中枢神経システム）あるいは身体的な疲労状態の休息値に対する整頓。
- 可能な疲労症状（知覚、精神力の集中等）の予防。
- 十分に注意深く見張る規準を観察および統制活動の際に維持すること。

経験的調査は、回復カーブが多くの場合、低減的な経過をたどることが指摘されている（図5-1）。

これは、短い休息が多い方が、少数の長い休息よりも高い休息効果を持つことを意味する。労働休息は、その時間以上の何倍もの全体給付の向上を結果としてもたらす。やりがいのある休息のこの現象は、労働休息の前後にしばしば一過性の給付向上が観察され、それによって労働中断が過剰に補償されることによって呼び起こされる。

休息時間の長さは労働時間法の4条に規定される。それにより労働は9時間以上の労働時間の場合、全体で事前に規定されており、少なくとも30分の休息時間によって中断される。休息時間は1回につき少なくとも15分単位で区分さ

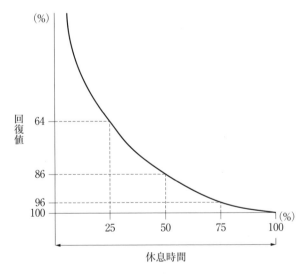

図 5-1　疲労カーブの典型的な経過

出典）Scholz, C., *Personalmanagement*, 5. Auflage, München, 2000, S. 672.

れうる。なお、6時間以上続けて被用者を休息時間なしで従事させてはいけない。

(4) 労働時間構成の柔軟性

労働時間構成の柔軟性が、労働給付そして満足に対して特に高い影響を持つ。それは技術的・組織的および社会的な要求に応えるばかりか、まして刺激手段の、および戦略的な成果要素にも応えている。ある硬直した労働時間構成が、労働時間の均一性、同時性、几帳面さ、そして知らぬ決定ならびに労働および経営時間の同一性によって特徴づけられる一方、柔軟性のある労働時間は、高い程度の活動性と可逆性、協働者の非同期の居合わせ、ならびに労働および経営時間の広い非連結によって示される。企業の視界からは、特に変動する供給条件と結ばれる。それに協働者の側に、個人的な構成自由を高める目標が対峙する。それゆえいくつもの柔軟かつ自動的に志向された労働時間構成が話題にされる。

企業実務において、それらの柔軟な時間ならびに企業や協働者にとっての意思決定の余地に区別される、様々な柔軟な労働時間構成の形態が見受けられる。

柔軟な労働時間構成の最も古い形式は交代制労働である。その場合経営時間は、様々な協働者によって相次いで果たされる多くの時間に区分される。それ

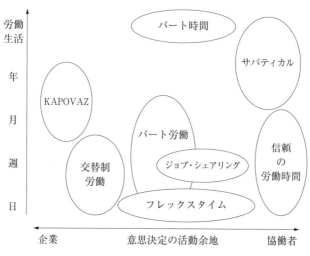

図 5-2　柔軟な労働構成の形態

は多くの形式に区別される。

①労働時間の分類・類型化[3]

・休憩時間は、数分の関与によって１日の労働を中断するひと時の長さと定義される。それは、労働者の身体的および精神的・心的回復を可能にし、それによって労働の質強度を高い水準に維持するために役立つ。休憩時間は、その際いずれの場合でも人間のバイオリズムに配慮するだろう。

・交替勤務／夜勤勤務は、労働時間が１日８時間を超えるばかりか、引き続いて時間的間隔を置いて定められる時に行われる。３交替経営の場合24時間一貫して生産される。これは生産設備の様式に依存する。

・フレックスタイムは２つの時間間隔が決められる。一つはいわゆるコアタイムで、その時間に勤務する義務がある。そして通勤や準備時間として個人的に利用しうるフレキシブルタイムがある。個人の時間勘定に関しては、合計の週労働時間が管理される。

・パートタイムでは、個人的契約は、協定上の週／月労働時間のフルタイムより少ない時間分担で働く労働者と結ばれる。

・ジョブ・シェアリングは、完備した職場でパートタイム労働によって共同して職責を果たす２人の協働者によって行使されるという対象を持つ。その際生成する問題は、両者の時間単位での必要な調整である。この実務モデルの一つの変形がジョブ・ペアリングである。これは、２人の協働者が共に実行する活動に関わる一つの契約が、２つの時間的な半分の労働に結ばれる。任務と費用の調整については、その際かなりの強さで協働者に移される。

・サバティカルは数カ月にわたる長期的休暇をよく表している。一部報酬が支払われ、年労働時間勘定の節約された超過時間を利用されるか、あるいは企業のインセンティブとして─協約上の基礎によって─取り入れられる。目的は、スペシャリストをサバティカル後さらに長期にわたって企業において保持することである。典型的には例えばこのような時間の解放は、科学者であれば、企業の研究および開発領域に関して外国での研究滞在が目的であり、大規模なコンサルタント企業における若いコンサルタントであれば、プロモーションの目的のためであったりする。

・季節労働は、断続的にある一定の期間のみ付随して生じる部門や活動について行われる。これは、例えば夏あるいは冬業務における観光部門において行われる。

・年間労働時間は、個々人の労働者が年間すべてに対する労働時間勘定を持っていることと結びついている。われわれの実行に相応すると、これは例えば年間およそ1650時間である。それは個人的好み、または直接に企業の能力養成と一致して、ならびに週そして月にわたる法律上の規定に従って分け与えられる。これによって大抵の部分がはっきりと様々な労働および非労働時間になる。この構想と密接に結びついたのは、経営的視点からいわゆる「呼吸する会社」である。もし高い注文数量があると、はっきりと他の期間よりも長く働くことになる。これは古典的なそして過去においていろいろ論議されている、KAPOVAZ（能力志向の可変的労働時間モデル）に相応する。月間の通常労働時間はその際労働の産出高に従って可変的に配分される。労働者にとってこれはある労働時間にアラカルトに導きうる。日々の週ごとの労働時間の配分は、これに従うと明らかに通常労働時間（例えば5日38時間）と違ってくる。

・生活労働時間は基本思考から年間労働時間に対応する。それはしかしある被用者の職業上の活動の総期間を高く見積もっている。普通は、この算定は準備段階において定まっている退職への移行に関して実施される。その際たびたび、この時期において職業保持者の知識と経験が仕事を覚える後継者にさらに与えられることを企業に保障する、フレックスタイムの移行が成就されるだろう。これは特に指導地位の場合効力を発揮することが認められている。

　労働時間構成についての労働者の関心は、彼らの個人的欲求に相応する労働時間と余暇との関係に向けられている。これはワーク・ライフ・バランスという今日的議論に反映されている。その際企業の利害の調整は、労働過程とその生産能力を十分に発揮させる効率的な構成に従って見出される。もし労働協約当事者間で規定労働時間の削減への協定が与えられるなら、労働者と企業の視界からこれが賃金損失なしに―それゆえ削除される労働時間のための完全な賃金調整によって―生じるかは、決定的な問題である。

5章　人事政策と労働時間の構成　37

労働時間構成に関して、それと共に一般的な労働時間短縮（賃金調整とともに
あるいはそれなしに）のための努力と、労働時間の柔軟化（フレキシブルワーク、2
部）に向けられる努力が区別される。

【注】

1) Holtbrügge, *Personalmanagement,* 3., überarbeitete und erweiterte Auflage,
   Springer, S. 152–154.
2) Ebenda, S. 155–161.
3) Töpfer, *Betriebswirtschaftslehre,* 2., überarbeitete Auflage, S. 913–915.

6章

ストレスマネージメントは何のため？[1]

1. 事業活動する組織の一員

　経営における人間、すなわち経営者、管理者、一般従業員を問わず組織に参画するすべての人間は、生体の人間として心的・身体的機能を営む諸器官によって生命現象を維持しながら、まさに自分をつくりながら活動している個人である。

　類型学には常に境界が伴うにしても、不安の類型化は自己省察のための出発点であり、対立する作用の中で弾力性による防衛活力が結果的に生じ、全体的に経験すれば、ますます不安の基本形態が和らげられる。

　企業が継続して成長発展するために、国内的、国際的なルールに従って他国との資源の交換が行われる。継続的な事業活動を果たすためには、組織を通して目的を達成する組織の特性を認識することが大切である。その場合、組織を集団の特性として、時間の経過とともに何らかの構造が出現する。

　組織外の様々な要因の影響を受けながら、組織内の構造変化が個人に対するストレッサーとなって能率・生産性・効率性に影響を与えている。個人が自身の体を調節して職場の環境に適応することが難しくなっている。個人にはどうすることもできない要因によって左右されている。情報技術の浸透、パートタイム労働法の改正、異なる勤務条件、就業形態の正規・非正規社員間の関係の中で孤立化がすすみ、同じ職場の仲間とのコミュニケーションはない。またどのように仕事を進めるか、達成計画などを相談したり、また仕事についての指導などに関して管理者との関係が疎遠になっている。指導・監督する管理者にとっては、勤務条件・就業形態が異なれば、本人の能力と意欲に適合した目標設定よりも仕事の高いノルマの完遂のみが管理者にとっては重要な課題となる。

ストレスは、仕事への要請が大きいにもかかわらず、それに対する小さな裁量（提案・苦情など）から生じると考えられる。より高い生産性が要求されていながら、それをどのように進めたらよいのかについての決定はできない。また高いノルマの要請に応えられたかどうか、どのような評価を受けたのか、個人はストレスを受けて反応する。自分はどこにいるのかどうか、ホメオスタシスは逸脱、修復、システムの変更をしながら内部環境を維持している。ストレッサーの中での自分をつくりながらの毎日である。

仕事に関して仲間や上司に相談できずに、自分で悩むことが続けば身体に影響が出る。これらのすべてはストレスが関係する。このストレスを生理学的に理解することが本書の意図であり、自分のストレスを自分なりに克服しながら、毎日を過ごして暮らす。一般の人はこれらが当たり前の日常の出来事である。

ストレスマネージメントは、好ましい・好ましくない生活をわれわれに準備させることへの可能な限りの最適な支度である。

およそより正確につくられた—われわれの地球の"ストレス"をバイオコンピューター*で飾った被膜をよりどころに—人はそこからまた、意識して始めるだろういくつかの"わずらわしい真実"を導きうることになる。

> *生体高分子、細胞、組織、器官などを直接用いるか、その性質を模倣して設計されたコンピューター。生体高分子（バイオポリマー）とは、生体を構成する高分子（巨大分子）をいい、主にタンパク質、核酸および多糖の3者をさすことが多い。なお、生体によって産出されるが、その個体の生命活動に第一義的には重要でない高分子（例えば天然ゴムや樹脂など）もバイオポリマーと呼ぶことがある。

2. わずらわしい真実

われわれの時代（家族、人口学的な変化、構造変化、グローバル化）の経済的および社会的な発展は、われわれに絶えず新しい挑戦を設定する。この変化は、われわれの毎日の職業生活をほとんど多少なりとも強く変化させ、これをまた大きくさせる。伝統的な"通常の"継承は解決される。男性そして女性は私的な職業生活において全く新しい要求に直面する。

21世紀の情報および科学社会の経過において、さらなる教育がますます重要になる。諸資格は急速に陳腐化する。どんな職場でも、もはや確かでなく、方

向をつくる必要は、不確実さが作られるほどに増していく。職業実務はますます強く生きる長さの習得プロセスになる。

われわれが迅速に生きる現代は、相変わらずわれわれに新しい挑戦をさせる。遅れずについていくために、生活の長い修得は欠かせない。

これまで"自然の"、だんだん好きになった境界—前に置かれた労働時間（1日8時間）、安定している所得事情、期限をつけられていない契約、習慣になっている職業の"状態"等—はかろうじて与えられるだろう。われわれは特殊な職業（銀行家、教師、医師）を明確に決めがたく、職業、環境、コミュニケーションそして関連した構成への常に新しい要求と変化に、柔軟に反応する能力をはっきりさせるだろう。

個人がますます強く求められる。身体的にまた精神的にいつまでも活動しうるために、全体的な生活能力の発達が差し迫って必要である。このすべての人々に自己の個性の広範な発達に求められるのは、様々な生活領域の均衡を保つことである。

ある生活のバランスに達するために、あなたは自身の能力と限界を説明しなければならない。あなたは自身の（生活の）調整、個人的な給付能力のその適応について調べなければならない。あなたは適時に、危機の時代に必要な克服の器具一式を手元に置くために可能性のある、問題について熟考してください。

個人は要求される。あなたは自分に合った生活バランスで常に働かなければならない。重要なソフトの技術がこの関連において、

・不確実に耐える
・限界そのものを設定する
・他人をあてにする、あるいは他のものにすべてに対する責任を押しつけない
・愚痴をこぼす代わりに、葛藤や危機を積極的に克服する
・繰り返しあらたに考え出す

そのことから疑問や課題が生まれる。

・いかに私は高まる複雑さの中で自分の認識に関する能力を改善し、バランスをとって考え学ぶことができるか？

6章　ストレスマネージメントは何のため？　41

- いかに私は自分の精神的な可能性を強めることができるか？
- いかに私は自分自身そして世界をより良く理解することができるか？
- 私はいつまでも健康でそして体調を良好に保つために、何を必要とするか？
- いかに私は高齢まで常に学び、そして私の経験を有意義に変換するための準備を維持しうるか？
- 中心に耐久性のある生活変化の必要性と一時的な回復および緊張緩和の願望は、（もはや）ない
- より良いのは、人は外部の援助を当てにしないで、自己の責任において自身の決定を自立して行うことである
- バランスがとれていること。社会的な環境、パートナーシップ、職業と家族による肯定的な情緒的な環境のための能力

論点に導く

ストレスマネージメントは将来われわれの個人的な基本整備の一部となるだろう。われわれがより早くそれに取り組めば組むほど、ますます簡単に変換することができる。

3. ストレス—生活の秘薬

生体反応としてのストレスは、たとえ概念そのものが 20 世紀の中期からそのために用いられていたとはいえ、最近になって初めてのものではなく、流行しその間ほとんどすでに供給過剰なくらい利用されてきた。

生活の発動機としてのストレス

もともと英語の概念である "ストレス" は、材料試験の分野から由来しており、およそ金属あるいはガラスの緊張、ひずみそしてゆがめることをいう。

生物学には、1950 年ころにハンガリー系カナダ人の医学者ハンス・セリエによってもたらされた。ストレスは元始以来あらゆる種類の生物に取りつけられた、危険に対する保護のためのメカニズムである。ストレスはわれわれに危険状態の予知危険を動機づける。それがわずかな時間の部分に野生の動物から逃

れあるいは逃走する敵を打ち倒すことができるために。攻撃あるいは逃走は、生き残るために必要であった。

【注】

1) Fiedler, Plank, *Stressmanagement,* 2. Auflage, S. 7-12.

7章

過労死「Karoshi」等対策の推進[1]

1. 国 の 対 応

わが国の「Karoshi」は国際的に知られている。企業経営の過酷な長時間労働による過労死について、国際連合経済社会理事会決議によって設立された社会権規約委員会が、わが国に対して、長時間労働を防止する措置の強化等を勧告した。過労死を発生させる過酷なストレスの下で働く労働者に、わが国は労働者の心の健康の保持増進（メンタルヘルスケア）のための対策を推進する必要がある。

過労死等の定義

過労死は、1980年代後半から社会的に大きく注目され、過労死にも至る若者の「使い捨て」が疑われる企業等の問題など、劣悪な雇用管理を行う企業の存在と対策の必要性が各方面から指摘されている。過労死等は、人権にかかわる問題といわれている。

わが国企業経営の精神障害を生む管理者の厳しい指導の下（次頁）で強いられる過酷な長時間労働によって発生する過労死、その過労死防止対策としてわが国は、根本的対応に迫られている。

過労死をなくし、誰にも同じ苦しみを繰り返させないための熟慮の輪が広がり、2014（平成26）年6月に過労死等防止対策推進法が成立し、11月1日に施行された。

法が成立した原動力には、過労死に至った多くの尊い生命と深い悲しみ、喪失感を持つ遺族による四半世紀にも及ぶ活動があった。法には、わが国の法律上初めて、以下の「過労死等の定義」が規定された（厚生労働省「平成28年版　過

45

労死等防止対策白書」134 頁）。

　　　・業務における過重な負荷による脳血管疾患・心臓疾患を原因とする死亡
　　　・業務における強い心理的負荷による精神障害を原因とする自殺による死亡
　　　・死亡には至らないが、これらの脳血管疾患・心臓疾患、精神障害

2.　厚生労働省

1）職場における健康確保対策（安全衛生管理体制の整備）

　1947（昭和22）年に労働基準法が公布・施行され、一定の基準の事業場ごとに、安全管理者と衛生管理者を選任すべきことが義務づけられた。

　1972（昭和47）年には、産業社会の急速な進展に対応するため、労働基準法とは別に労働安全衛生についての単独法として労働安全衛生法が公布・施行された。これにより、事業場における安全衛生管理体制の整備として、①一定規模以上の事業場に安全管理者、衛生管理者等を指揮する総括安全衛生管理者の選任が義務づけられ、②衛生委員会の設置が法律上の制度として整備された。また、医師である衛生管理者の呼称を産業医と定め、産業医は労働者の健康管理等に当たるとともに、事業者または総括安全衛生管理者に対し指導助言等を行う専門家として活動するものとされた。

2）職場における新たな健康確保対策

　労働者の過重労働による健康障害防止対策については、2002（平成14）年に、事業者が講ずべき措置を取りまとめた「過重労働による健康障害防止のための総合対策」が策定され、2006（平成18）年には、長時間の時間外・休日労働を行った労働者に対する医師による面接指導制度の創設などに伴い、新たな「過重労働による健康障害防止のための総合対策」が制定された。

　また、労働者の心の健康の保持増進（メンタルヘルスケア）対策としては、2000（平成12）年に、事業者が講ずるよう努めるべきメンタルヘルスケアの具体的実施方法を定めた「事業場における労働者の心の健康づくりのための指針」が策定され、2006年には、労働安全衛生法に基づき、より詳細な実施方法を定めた「労働者の心の健康の保持増進のための指針」が新たに策定された。

さらに、2006年には「労働時間等の設定の改善に関する特別措置法」が施行されるなど、仕事と生活の調和（ワーク・ライフ・バランス）実現に向けた取り組みが行われている（「平成19年版　厚生労働白書」27頁）。

3）過重労働による健康障害防止のための総合対策

厚生労働省では、新たな労災認定基準の考え方の基礎となった医学的知見を踏まえた、2002（平成14）年2月の「過重労働による健康障害の防止のための総合対策」に基づき、その周知啓発・指導を図っている。

本総合対策は、過重労働による脳血管疾患および虚血性心疾患等の発症の防止のためには、健診・事後措置の確実な実施など、従来からの労働者の健康確保のための措置に加え、①疲労回復のための十分な睡眠時間又は休憩時間が確保できないような長時間にわたる過重労働を排除し、②疲労が蓄積するおそれがある場合の健康管理対策の強化および過重労働による業務上の疾病が発生した場合の再発防止措置の徹底を行うことが必要である、との観点から策定されたものである（「平成16年版　厚生労働白書」86頁）。

組織における人間は、職務を担う人間であり、また身と心を敏感に調節する生体としての人間でもある。前者は目的を有する組織人間であり、後者は組織との関係において変化する生体の個人である。本項では、有効な組織や管理は状況に応じて変化する[2]という組織特性との関連で、生体が耐えることができない「うつ病」について主として考察する。

厚生労働省発行の白書は、まさにその時を反映したテーマによって描かれ、その内容は世代に応える注視すべきものがある。

平成13年版の第1章では、「個人をとりまく社会経済情勢の変化」として「現代人の心の問題」を題材にしたストレスが紹介されている。なかでもうつ病は誰でもかかる可能性のある病気であり、適切な治療を行えば回復する病気であるので、早期に発見し治療することをすすめている。

4）精神障害の労災補償状況

業務における強い心理的負荷による精神障害を発病したとする労災請求件数は、厚生労働省「過労死等の労災補償状況」（各年度版）によれば増加傾向にあ

り、支給決定（認定）件数は、2010（平成22）年度に300件を超え、2012（平成24）年度以降は400件台で推移している。就業形態別の支給決定件数では、2017年度で見ると、「正規職員・従業員」が最多で、459（女性131）うち自殺95（女性3）件となっている。

　2017（平成27）年度における請求件数は1732件で、前年度比146件の増加、支給決定件数は472件（うち未遂を含む自殺93件）で、前年度比25件の減少となっている。

　労災補償とは、業務上の事由または通勤による負傷、疾病、死亡等が起こった場合に、労災保険から補償給付が受けられる仕組みである。労災補償の給付を受けるためには、当該災害が「業務」または「通勤」が原因となって生じたものであることが必要である。

　テーマ「過労死による労災認定の状況について」、当該災害が「業務」または仕事上のストレスなど、「業務」に関連した要素が原因となった脳・心臓疾患等を引き起こしたことが認められると、業務上の災害として労災の認定がなされる。厚生労働省がまとめた、脳・心臓疾患等の発症が業務によるものと認定された事案は、617の請求件数に対して85件（2000年）。また2001（平成13）年度の脳・心臓疾患による労災の申請件数は、690件、脳・心臓疾患等の発症（脳血管疾患、虚血性心疾患等）が業務上のものと認定された件数は143件となっており、申請件数・認定件数とも大幅に増加している。（『過重労働による健康障害を防止するために』14-15頁）。

　厚生労働省の労働者健康状況調査（2002年）によると、仕事や職業生活で強い不安や悩み、ストレスを感じている労働者の割合は61.5％に上る。労災認定された精神障害なども2003年度には108件と過去最多だった。同省によると、「健康問題」を原因・動機とする自殺者数の内訳としては、「病気の悩み・影響（うつ病）」が最も多くなっている（『平成28年版　自殺対策白書』）。

　「精神障害の出来事」の支給決定件数では、心理的負荷が極度のもの等の「特別な出来事」87（内自殺17）件、「仕事内容・仕事量の（大きな）変化を生じさせる出来事があった」75（内自殺26）件、「（ひどい）嫌がらせ、いじめ、または暴行を受けた」60（内自殺8〔女性1〕）件、「悲惨な事故や災害の体験、目撃をした」45件の順になっている。自殺の件数は表から加えたものである（厚生労

48

働省「平成27年度　過労死等の労災補償状況」)。

（1）医師・看護職員のストレス

医療現場について労災支給決定 (認定) 事業の分析、労働・社会分野の調査のデータを「平成30年版　過労死等防止対策白書」で見ると、業務に関連したストレスや悩みの有無については、

医師調査結果によると、業務に関連したストレスや悩みの有無は、「ある (あった)」(75.5 %)、「ない (なかった)」(24.0 %) であった。

看護職員調査結果によると、業務に関連したストレスや悩みの有無は、「ある (あった)」(88.6 %)、「ない (なかった)」(10.0 %) との回答であった。

また、ストレスや悩みの内容については、

医師調査結果によると、業務に関連したストレスや悩みが、「ある (あった)」と回答した医師について、その内容をみると、「個別患者の様子 (容体、経過等)」(39.9 %) が最も多く、次いで「休日・休暇の少なさ」および「患者 (家族) からのクレーム対応・訴訟リスク」(34.0 %) であった。

看護職員調査結果によると、業務に関連したストレスや悩みが「ある (あった)」と回答した看護職員について、その内容をみると、「職場の人間関係」(41.8 %) が最も多く、次いで「夜勤 (宿直勤務含む) の負担の大きさ」(37.8 %)、「時間外労働の長さ」(36.7 %) であった。

医師、看護職員の労災支給決定 (認定) 事案について、医師の事案の割合が多い脳・心臓疾患事案に関して、長時間労働に関連する要因をみると、診療業務、管理業務棟が多い。

看護職員の事案の割合が多い精神障害事案に関して、事故や災害の体験が特に多く、暴力や暴言の被害を受けたもののほか、施設内での殺人事件、自殺等を目撃したもの等もみられた。

また、所定外労働が発生する理由について、医師、看護職員ともに救急や入院患者の救急対応が最も多かった。他方で、医師または看護職員では、救急や、入院患者等の緊急対応が多いものの、診断書、カルテ等または看護記録等の書類作成が最も多い等の違いも見られる等、医師または看護職員と病院との間で異なる傾向がみられたが、医師、看護職員ともに医療現場特有のものが多くなっている。

(2) 自殺者の増加

「人口動態統計」(1999年) によると、1999年の自殺者数は、初めて3万人を超えた前年とほぼ同数の3万1413人となっている。自殺の原因は多岐にわたり、また、一般には1つの要因だけでなく、多くの要因が絡み合って起こるものであると考えられているが、ある大学付属病院の高度救急センターに入院した自殺企画症例の検討を行った結果、近年、とくにうつ病が自殺の最も重要な要因であると考えられている。

「平成28年版　厚生労働白書」によるとわが国の自殺者数は、1998年以降、14年連続で年間3万人を超える水準で推移してきた。自殺者数は、警察庁の自殺統計原票を集計した「自殺統計」によると、2015年においては、2014年を下回る2万4025人（確定値）となっている。また、自殺者数の推移としては、4年連続で3万人を下回り、年間自殺者数は6年連続の減少となっている。

自殺の背景には多様かつ複合的要因が関連するが、自殺統計によれば、2015年における自殺者について、「病気の悩み・影響（うつ病）」が自殺の原因・動機

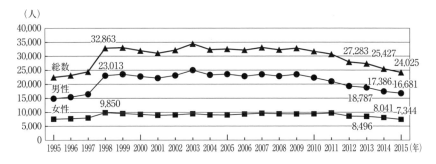

自殺の原因・動機（原因・動機は3つまで計上）

	自殺者数	原因・動機特定者	健康問題					経済・生活問題	家庭問題	勤務問題	男女問題	学校問題	その他
				うつ病	統合失調症	アルコール依存症	その他の精神疾患の悩み						
2015年	24,025	17,981	12,145	5,080	1,118	206	1,313	4,082	3,641	2,159	801	384	1,342

図7-1　自殺者数の年次推移

出典）厚生労働省「平成28年版　厚生労働白書」341頁。

の一つとして推定できるとされた者は、5080人に及ぶ。

　自殺の状況について厚生労働省「平成28年版　過労死等防止対策白書」を見ると、原因・動機別（遺書等の自殺を裏づける資料により明らかに推定できる原因・動機を自殺者1人につき3つまで計上可能としたもの）では、勤務問題が原因・動機の一つと推定される自殺者数は、2007年から2011年までにかけて、自殺者総数が横ばいから減少傾向にある中で増加したが、その後減少し、2015年は2159人となっている。

　勤務問題が原因・動機の一つと推定される自殺者数の推移を原因・動機の詳細別にみると、勤務問題のうち「仕事疲れ」が3割を占め、次いで、「職場の人間関係」が2割、「仕事の失敗」が2割弱、「職場環境の変化」が1割強となっている（図7-2）。

　勤務問題が原因・動機の一つと推定される自殺者数の推移を年齢層別にみると、概ね、40～49歳、30～39歳、20～29歳、50～59歳の順に多く、これらの階層はいずれも全体の4分の1から5分の1を占めている。

　また、経営に限ったとはいえ、ストレス発症という精神的、および身体的疾

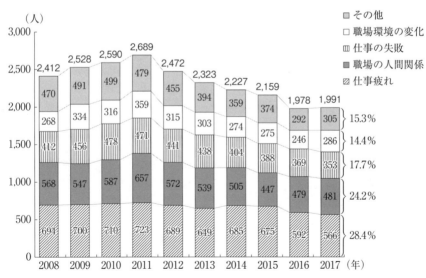

図7-2　勤務問題を原因・動機の1つとする自殺者数の推移（原因・動機詳細別）
出典）厚生労働省「平成30年版過労死等防止対策白書」30頁。

7章　過労死「Karoshi」等対策の推進　　51

病の様々な症状などから自殺に追い込まれる。

　彼らにとって大切なことは、働く自分に目を向けることである。生体としての人間、刺激・反応によって環境に対応してバランスをとっている内分泌および自律神経の制御事象によって行われる生体の内部秩序が、自分は"有能な頑張り人間"という強い意識によって抑え込まれ、生理学的リズムを全く無視し、隠蔽されてしまっているのである。この自分の心的、精神的症状を理解して（＝ストレスを知って）、自分に取り戻す営み（ストレス克服戦略。本書13章参照）が必要である。

　自殺した人が生前にどのような精神的な問題を抱えていたかという点について、WHO（世界保健機関）は、多国間の共同研究を実施した（図7-3）。

　その結果をまとめると、自殺に及ぶ前に大多数（9割以上）の人々が何らかの精神疾患に該当する状態であった。ところが、適切な精神科治療を受けていた人は、せいぜい2割程度であり、ほとんどの人が治療を受ける機会もないまま、最後の行動に及んでいた。

　精神科治療を受けさえすれば、ただちに自殺をゼロにできるとまでは断言できない。しかし、今では精神疾患に対して様々な治療法が開発されているのだ。自殺の背後に潜む精神疾患を早期に発見し、適切な手を打つことによって自殺を予防する余地は、まだ十分に残されているとWHOは強調している。

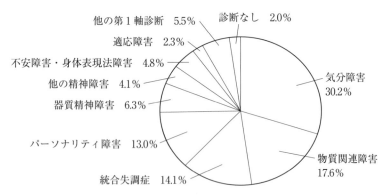

図7-3　自殺と精神疾患（1万5629例、WHO、2000年）
出典）『こころの科学』114、68頁。

(3) うつ病への対応

現代の心の問題に内うつ病が特に深刻な問題の一つとなっている。「患者調査」(1999年) による調査日現在で継続的に医療を受けている総患者数をみると、うつ病などの気分 (感情) 障害は約44万人と推定されているが、実際には自らの状態がうつ病から生じている症状であると捉えることができず、治療を受けていないうつ病の患者も相当数存在すると考えられ、このような患者を考慮すれば、わが国におけるうつ病が相当深刻な心の病であることが推測される。

うつ病が誰でもかかる可能性のある病気であるにもかかわらず、深刻な問題となるのは、疾病そのものの特色にもある。うつ病になると物事に対する興味や意欲は失われ、重篤になると、将来に全く希望が持てなくなり、このことが自殺の1つの大きな原因となっているとも考えられている。うつ病については、その重要性についての認識が必ずしも国民の意識に浸透しておらず、患者の多くは自分の状態をうつ病から生じている症状であるとは捉えることができずにいると考えられる (「平成13年版　厚生労働白書」11-15頁)。

3. 企業の取り組み

従業員が安心して働ける職場環境の整備は、企業コンプライアンスの観点や企業の社会的責任 (CSR) の観点だけでなく、人材戦略上の観点からも優先度の高い課題となっている。

従業員の過重労働防止や、精神面も含めた健康保持に十分な配慮を欠かしてはならず、各社はメンタルヘルス教育の推進、相談機能の充実・周知、専門家・機関との連携などの対策に取り組んでいる (図7-4)。また、メンタルヘルス不調には、仕事、家庭の要因など、様々要因があるが、従業員の生活の多くの時間を占める職業生活を充実させ、従業員がその能力を最も発揮しうる職場づくりを行うことが、重要な課題となっている。

メンタルヘルス不調の予防の観点からは、職場の仲間を尊重し相互支援しうる職場風土の確立、ワーク・ライフ・バランスの推進など、経営者・管理者が率先してその推進に注力する必要がある。

メンタルヘルス不調者への対応としては、休職後の職場復帰プログラムの円

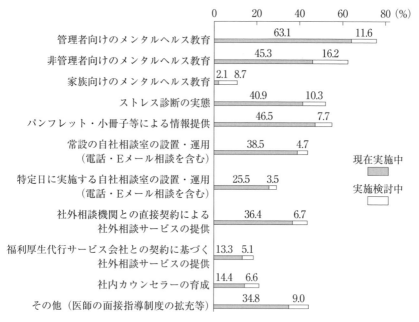

図7-4 メンタルヘルス対策への取り組み（会社主体の施策、複数回答、%）
出典）日本経団連「第51回福利厚生費調査」附帯調査（2008年2月）、「経営労働政策委員会報告　2009年版」（社）日本経済団体連合会、42-43頁。

滑な利活用が実務上の重要な課題となっている。よりスムーズな復職を促すためにも、復職の過程での仕事の与え方、育成の視点を持った配慮など、職場の管理職・同僚、産業保護スタッフ並びに主治医・家族が緊密に協力して体制を整えていくことが大切である。

　中小企業ではこれから対策を検討するというところも少なくないが、メンタルヘルスの重要性に関する認知を高め、早期に従業員の不調に気づく体制を整えるため、まずは予防の推進と正しい知識の啓発に重点を置いたメンタルヘルス教育に注力していく必要がある。

4. 組織としての生体の変化と人間

1) 心と体の病

　生体としての個人は、環境に対応してバランスの保てる機構を備えている。調節系としての精神系と内分泌系によった刺激-反応のシステムである。また刺激（ストレス）が高まり、継続することによって正常な動的平衡状体が作られ、ストレスの抵抗力が生体に蓄えられてそのストレスは生体に対応したストレスをつくる。これは環境の変化に常に対応して、生体を構成する数多くの細胞にとっての最適は環境を作り上げる内部環境が、生体に備わっている多数のフィードバック調節機構によって恒常性（ホメオスタシス）を保っているからである。

　心と体は密接に関連しており、気分が悪い、気が乗らない、なんとなく憂うつであるときには、食欲がなくなり、身体の調子も悪い。そして、めまい、疲れといった身体的症状を訴える。生体の各領域ごとの機能統合が正常にはたらかず、人間の生体系神経の異形な情報処理である。

　グローバル化の時代には、企業は世界に共通の国際的に通用する情報システムでなければならない。個の確立、自己責任原則の貫徹、個々人との格差と競争を前提にした体制が重視される。ところが、戦略計画に基づく人事の施策は、変化に対する柔軟性が要求される特殊な組織との関係において、生体としての人間を無視できなくなったのである。

　仮面うつ病（体の不調に隠れた心の病）のケースは、いずれの組織においても常に存在し、職場の人間関係に配慮して、何とか自分を怠け者、甘えていると云われないために、叱咤激励してしまう。この状態が長く続くと回復不能の状態になり、いわゆるうつ病の症状が悪化した無気力、絶望感に悩まされる。

　「心は状況次第でどうにでも変化する」。誰でも気分がすぐれない、ゆううつだったりすることはよくある。そんな場合、旅行とか、友人との飲食によって発散させてしまうのは経験の示すことである。しかしうつ病になる可能性のある人は、几帳面でしかも仕事に手を抜かない性格の人が多く、多少体調の変化を意識したとしても、仕事を休むことはできない。そのため、うつ病の症状で

ある仕事に対する集中力が欠け、無気力であるのに、むしろ自分自身を攻めて、いっそう病気をこじらせてしまう。

　うつ病は、頭が痛い、体がだるい、憂うつであって自分に閉じこもり、進んでやる気を起こさない状態であれば、心身一如の正常な状態ではない。生理学上、体性神経・自律神経系が互いに拮抗しながら正常に保っていない。心の変化によって一面的なはたらきしか刺激が伝わらない。心の不安によってあまり身体を動かさない体性神経のため、もともと生体に重要な刺激を伝える自律神経は、その機能が低下する（交感神経・副交感神経のバランスの乱れ）。それによって肩や首筋の痛み、頭痛、倦怠感、腰痛、食欲不振、早期覚睡等の身体の症状、すなわち自律神経失調症と同じ症状が現れる。

　厚生労働省は都道府県や保健所職員向けの「うつ対策推進方策マニュアル」を作成した。15 人に 1 人がうつ病を経験する中、周囲の人がうつ病に気づく兆候 7 項目をまとめた。専門家でなくても早く患者を見つけ出し、自殺予防にも役立てたい意向である。

うつ病を疑うサイン	
自分が気づく変化	周囲が気づく変化
1　悲しい、憂うつな気分、沈んだ気分	1　以前と比べて表情が暗く、元気がない
2　何事にも興味がわかず、楽しくない	2　体調不良の訴え（身体の痛みやけん怠感）が多くなる
3　疲れやすく、元気がない（だるい）	3　仕事や家事の能率が低下、ミスが増える
4　気力、意欲、集中力の低下を自覚する（おっくう、何もする気がしない）	4　周囲との交流を避けるようになる
5　寝つきが悪くて、朝早く目が覚める	5　遅刻、早退、欠勤（欠席）が増加する
6　食欲がなくなる	6　趣味やスポーツ、外出をしなくなる
7　人に会いたくなくなる	7　飲酒量が増える
8　夕方より朝方の方が気分、体調が悪い	
9　心配事が頭から離れず、考えが堂々めぐりする	
10　失敗や悲しみ、失望から立ち直れない	
11　自分を責め、自分は価値がないと感じるなど	厚生労働省「うつ対策推進方策マニュアル」（2004 年 1 月）より

同マニュアルによると、うつ病を経験した人の4分の3は医療を受けていないという。マニュアルでは最初に「うつ病はきちんと治療することで回復できる病気」とした上で、周囲の人がうつ病を疑うサインとして7項目を挙げた。「うつ対策はまさにうつ病に対する気づきから始まる」と指摘している。

だが、男性であっても女性であっても、その渦中にいる人は、仕事の過酷さを語ろうとしないし、むしろ肯定しようとする。そうしないと、組織から排除されるからだ。かろうじて家族がそれをチェックし、歯止めをかける役目を果たしている。例えば、「妻の名前でなら労基署に相談してもいい」というケースがある。これは誰かの力添えで状況が改善できればと考えているメッセージである。そのほか、「今、頑張ればなんとかなる」などといっているのも、今を乗り切って楽になりたいという気持ちの現れである。

2）生体に与える影響

仕事や職業生活に関することで強い不安、悩み、ストレスを感じる労働者の割合は、2016年は59.5％と、依然として半数を超えている（図7-5）。

仕事や職業生活に関する強い不安、悩み、ストレスの内容を見ると、「仕事の質・量」（53.8％）が最も多く、次いで、「仕事の失敗、責任の発生等」（38.5％）、「対人関係（セクハラ・パワハラを含む。）」（30.5％）となっている（図7-6）。

このため人材の流動性に適応できない経営にとっては、人間の問題がある。管理対象としての人間と生体としての人間が、ともに経営における人間として矛盾の中にある。

生体の機能は、内外の変化に適宜に対応しつつ生体にとって常に最良の状態に保つように機構が作られている。その調節系は主に神経系と内分泌系の協調によってなされ、神経系の作用は主として素早く調節するのに対して、内分泌系は緩慢だが長期にわたって調節することが多い。内分泌[3]とは内分泌腺から微量の化学物質であるホルモンが血液またはリンパ液中に分泌放出され、種々の機構により一定の範囲に保たれる。その働きは簡略すれば、成長、生殖、代謝および内部環境の変化や自律神経系によって調節される。個の生体の特徴は、経営における人間にとってどのように反応するのであろうか。

上司との話し合いによるなどして仕事が与えられる。その仕事は挑戦的な、

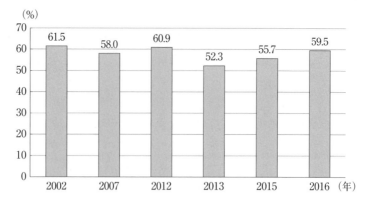

図 7-5　仕事や職業生活に関する強い不安、悩み、ストレスを感じる労働者の割合

注）常用労働者 10 人以上を雇用する事業所を対象。
出典）厚生労働省「平成 30 年版　過労死等防止対策白書」19 頁。

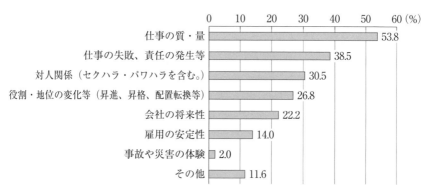

図 7-6　仕事や職業生活に関する強い不安、悩み、ストレスの内容

注）1. 常用労働者 10 人以上を雇用する事業所を対象。
　　2. 3 つ以内の複数回答。
出典）厚生労働省「平成 30 年版　過労死等防止対策白書」19 頁。

人材の能力以上のものである（動機づけ理論によれば仕事は大きく、達成の喜びを感じる程度のものが良い）。

　外部の刺激として挑戦的な仕事は求心路にストレスとして作用し、その仕事は過去の経験・熟練の程度、仕事を達成する能力の程度など感覚系から中枢神

経に入る。ついで1次運動野の近傍の連合野、特に運動前野、補足運動野といわれる部位では、髄意運動として個々の仕事の統合や仕事の準備計画を立てる。これは、従業員が成果を挙げるためにどのような仕事の進め方や、スケジュール（達成計画）などについての問題発見の能力、課題を実践や行動に移すにあたっての大脳皮質の機能に関与する。概括すると、大脳の後半部から側方部にかけては情報の受領と蓄積に、前半部は思考・意志・感情の創成と表現にあてられており、前頭葉が最も個人的活動に力を発揮する部位である。そしてこれらの情報は、大脳基底核と小脳に伝えられ、仕事を行うためのプログラムがつくられる。このプログラムは1次運動野に伝わり、その結果、最終的な作業指令が1次運動野から脊髄・脳幹の運動ニューロン（遠心路）に伝えられ、効果器を介して仕事が遂行される。そのさい、体性感覚による修正情報として体性感覚・平衡感覚の情報を受けながら作業を調節する小脳（ニューロンの多くは抑制性の機能）が働いて、外界の変化に対応した仕事が行われる。

　生体における機構には、自律神経系と体液性によって調節されるものと、その一方で種々の機能を正常な動的平衡状態に保とうとする仕組みがある。これはストレスに対する抵抗力が次第に増加して、ストレスによって生じた多くの症状を漸次軽減させるような状況がつくられる。この体液性状況の抵抗力は、しかしそのストレスにのみ有効に働くもので、他の種類のストレスについてはむしろ、対応するエネルギーを減少させるようなはたらきをする。ストレスに耐える大きな生命力、抵抗力のパワー[4]は、ホルモン器官の副腎の皮質にあり、その分泌を促す副腎皮質刺激ホルモンがそのカギを握っている。しかし副腎皮質刺激ホルモンも常時強く分泌しているわけでなく、生体リズムの一環として1日のうち、わずか数分の分泌で副腎皮質ホルモンに影響を与えているにすぎない。

　生体にとって内外の環境変化に対し正常に調節している神経系であれば問題ないが、ひとたび神経系に不安・焦りなど負担がかかり、または事故により神経機能に損傷が生じた場合の意味は大きい。しかも生体に対する不安・焦りなどのストレスは、長期にわたって個人の事情、それに心理的に影響する仕事の社会的状況によって変化するから、生体に与える危険度は大きい。

3）メンタルヘルスとしての健康管理[5]

　健康管理とは、心の健康の保持増進の立場から、組織のストレス要因の除去のためメンタルヘルスケアの積極的推進を図り、より良い職場生活のための継続的かつ計画的対策である。

　健康管理は心の健康を保持増進するための計画を策定する。そのためにはメンタルヘルスケア（精神衛生面も含めた基本的措置）を積極的に推進する。メンタルヘルスケアは、事業場の心の健康づくりに関する職場の実態を明確にし、その問題点を解決する具体的方法などを調査・審議する（衛生委員会、職場委員会などによって継続的、計画的に行われる）。

　そして健康管理は継続的・計画的に改善・改良していく対策である。

　メンタルヘルスの基本的措置については、厚生労働省が2000年8月に公表した「事業場における労働者の心の健康づくりのための指針」がある。その中で労働者の心の健康づくりを進めるため、事業者が「心の健康づくり計画」を策定し、それに基づき4つのケアを推進すべきこと等が示された。

　①セルフケア＝労働者自身による対処

　・労働者に対するセルフケアに関する教育研修・情報提供

　事業者は、労働者が自ら相談を受けられるような環境の整備を図る必要がある。

　②ラインによるケア＝管理者監督による対処

　・作業環境、作業方法、労働時間等の職場環境等の具体的問題点を把握し、改善を図る。

　・個々の労働者に過度な長時間労働、過重な疲労、心理的負荷、責任等が生じないようにする配慮

　・日常的な労働者からの自主的な相談への対応

　・管理監督者に対する心の健康に関する教育研修

　③事業場内の産業保健スタッフ等によるケア＝産業医、衛生管理者による対処

　・管理監督者との連携による職場環境等の改善

　・職場実態等の把握、個別指導・相談

　・専門的な治療が必要な労働者に対する適切な専門機関の紹介、職場復帰や

職場適応の指導・支援

・ラインによるケアの支援、管理監督者への教育・研修

　事業者は、事業場内産業保健スタッフ等に対する教育研修、知識修得などの機会を提供するように努める必要がある。

④事業場外資源によるケア＝産業保健機関等による対処

・地域産業保健センター、産業保健推進センター、労災病院などで、直接サービスを実施

・ネットワークへの参加

　事業者は、必要に応じて、それぞれの役割に応じた事業場外資源を活用することが望まれる。

　経営組織の継続性において、疲労やストレスを感じることの少ない組織環境を形成することは、組織の人間が持つ能力を有効に発揮することや、組織の仲間を活性化させることにつながる。一方、経営が進める組織の変革は、それに伴う異なる文化・価値によって職場の配置、人事異動、職場の組み立てなどが心理的葛藤や精神的ストレスの原因となる。

　したがって、メンタルヘルスケア対策は、他の部門、時間管理、人事労務部門との連携によって進める必要がある。

　経営における人間は管理の対象であり、能率を求められながら同時に、メンタルヘルス対策によって健康づくりを推進している。そして残業調査やストレス解明によって予防的処置や、症状によっては両方が施される。しかし心の病であるメンタルヘルスの解決には、さらにこの健康づくりに加えてストレスに直接向き合う生理学的対応が求められる。

【注】

1) 日本経団連「第51回福利厚生費調査」附帯調査（2008年2月）、経営労働政策委員会報告　2009年版(社)日本経済団体連合会、42-43頁。

2) 拙著『新版　経営管理と環境管理』八千代出版、2001年、253頁。

3) 師田昇・福島弁造・太田孝夫編著『基礎生理学講義（第5版）』八千代出版、1996年、147頁。

4) 吉田健一『生理学散策（第5版）』八千代出版、1992年、114頁。

5) 厚生労働省監督課・労働衛生課監修、前掲書、100頁。

8章

精神医学と精神病理学の区分

1. 精神医学上の疾病概念[1]

精神的健康は、生理学的、心理学的、社会経済的、社会文化的そして制度的な諸々の要素によって影響される。心的な健康は、それによって、人的な処理や個人的な態度の結果としてはっきり示される状態ではなく、個人的な観点と並んで決定的に外因性の要素の影響を受ける多層的なプロセスである。健康であることの感情と並んで精神的な健康はまた、自分の値打ちや自分の威信を信じ、そして他人の値打ちを評価することを意味する。

人間が精神的に健康であるとさらにみなされることは、

- ・健康であることを体験し、積極的に感じる、満足するそして苦痛や不安はない、自分自身を受け入れ、それらの欲求に満足することができる
- ・精神的に能力あるストレスや損失は相殺し、また自分でコントロールすることができる
- ・社会的に能力がある
- ・仕事と愛がある（フロイトによる）
- ・ある感覚を定めている

精神的な疾病は心的な機能を変える。精神的に病んでいる者は、例えば意気消沈してあるいは世界の異なる体験をする。例えば、一緒にいる人には聞こえない声を聴く。これは彼の行動や彼のコミュニケーションの結果で、もちろんそれぞれの普通でない行動は精神的な疾病の表れではない。しばしば、変わった体験、思考、感情および行動が、もっぱら社会的に普通行われている物（社会的基準）と違っている、あるいはそれらが一つの病気の表れかどうかは、単純には決められない。

人間の通常の活発性から、やる気のないまたは後退しているような症状が、近くにいる人間の喪失によって測られる。他の狼狽者の場合にはしかし精神的に重い病気の表情がある。通常、異常である表象は、文化的なそして個人的な見解および意見に依存している。

精神医学上の疾病概念には問題がある。なぜならそれは文化的に形成された人間像に基礎をおいているからである。

精神的危機、精神的病気そして障害

一つの精神的危機は予見されない。批判的な生活の出来事（例えば職場の関連問題、損害、重い病気、災害、死、自然災害、犯罪）に対する通常の人間の反応である。従業員や友人は、一つの心的危機による直接の狼狽者同様に反応しうる。ある危機の症状は興奮やイライラした状態の感情から混乱や不快な行動にまで達する。危機が克服されると、それらは例えば自意識を強め、生活に対する倍加した確信に導く。心的危機はもちろん否定的な作用を与え、そして健康障害につながる。時間的に適切な救助は、狼狽者のそしてその次の関係者の心的な健康を守り、促進しそして維持する。

精神的病気は医療分野の著名な３つの分類で定義されている。それは、WHO の国際疾病分類（ICD-10）、アメリカ精神医学連盟の診断統計マニュアル IV（DSM-IV）、WHO の生活機能分類（ICF）である。ICF は条件や心身の障害の評価に役立つ。分類の適用は、しかし疾病に対し何ら最終的な客観性を示すものではない。

慢性的心的病気にとって、その長期の期間にわたっての意見の一致を除いて、何ら統一的な定義はない。従来すべての長期に入院していた人間は、「慢性的」と分類された。

今日的に人は、一つの病気の全症候が短期の間隔において再三起こる、あるいは他の疾病の結果状態が長い期間にわたり続いているならば、慢性的な疾病といわれる。

次の基準は決定的である。

・しばしば繰り返している症状（再発頻度）
・全症候の期間性、折に触れて一層悪くなる

・障害の重さ

・（病的状態が）ある障害以上に存在する

・低下した社会的適応

・精神医学上の処置の期間（例えば入院）

・社会的制約（例えば職業上の降格、関連問題）

・診療可能性

　慢性的な心的病気は、（心理・教育）認識に関して、まず社会的な障害（損傷）を生じる。その場合最初に（疾病/攪乱）症状が慢性的に現れる。第2に明白にそして持続する行動欠乏（能力障害）があり、それから第3の社会的な役割への順応における制限が結果として生じる。一つあるいは多くのこの制限は、精神的な障害に導いている。

　かつて生じた精神的障害は静的状態ではなく、その際立った特徴において変わりやすい。一面、その間に現れる、疾病に制約された障害と関連する危険が把握され、また適切にそれを扱うことが有効である。他面、潜伏性の回復能力が促進される。

　精神医学的な疾病概念は、"問題が多い"として受け取られた人間あるいは周辺集団を社会から遠ざけるために濫用されうる。そのための一つの例は、2・3の全体的に導入された国において生じる。精神医学的な診療所において行われる、政策的に異なって考えられている人間の隔離や強制処置である。

　他面、概念は狼狽した人間に保護を提供する。彼らは、例えば介護、治療、患者手当あるいは年金を受ける。そして犯罪的な行動の場合、罪を免れる。

　原則的であるのは、精神的な疾病の診断と日常要求の解除、増加する援助、金銭的な支援、社会的な基準からの解除あるいは低下した義務能力が結びついていることである。同時に新しい義務が生じ、社会的な烙印を押されることになってしまう。精神的に病んでいる者からは治療の用意が期待される、彼は一定の状況において、彼の意思に反しても入院させられる、もしくは治療される。ことによると彼は自分の労働場所あるいは住居を失うことになる。

8章　精神医学と精神病理学の区分　　65

2. 精神病理学の区分

精神病理学とは、①精神や行動の病理学を取り扱う科学であり、②精神医学および異常心理学を含めて、精神や行動の障害を研究する学問である（『ステッドマン医学大辞典』1519頁）。

1）理論と治療

なぜ人間が精神的に病むのかについては、様々な理論がある。

- 生理医学的組織モデル。これによれば精神的疾病は、神経細胞あるいはニューロン伝達物質の伝達の変化によって制約され、したがって組織的に脳疾患になる。治療のためには解剖学的あるいは生理学的欠陥を見つけ、取り除かねばならない。
- 精神分析的モデル。フロイトによれば、生物学的衝動要求および社会的基準緊張感が生じ、それは双生児の性的な発達の過程で克服されなければならない。不十分な克服は障害や病に導くという。
- 知識論的モデル。不利な知識プロセスモデルでの知識、分類するようまた扱えるよう条件づけることによる知識は、狼狽者あるいは社会から修正が必要として評価される。極度に基準から外れた体験や行動に導く。知識は現代の行動治療において、しばしば直接に目に見えない思考模範、態度、基準や感覚の習得にも関係する。
- 社会科学的疾病モデル。精神的に病んでいる、社会によってかように見つめられ、また同時に病人の役に繰り入れてもらう者。
- 反精神医学上/社会批判上の疾病モデル。中心の障害は社会の機能の中にある。邪魔される環境とうまくやっていけない人間の個人的な悲しみに現れる。
- 体系的な疾病モデル。精神的に病んでいると名づけられる人は、社会的なシステムにおいて特に家族において索引患者（症状所有者）として届け出がなされる。
- 人道主義のモデル。カール・ロジャースによれば、もし自然の発展や成長

過程が阻害されて経過すると、精神的障害が生まれるという。

さらに重要な手掛かりは、因果性への疑問、したがって精神的な病気の原因に全く合わせないで、様々な障害形成をもっぱら正確にのみわれわれが可能な限り記述することにある。この"現象学的な手掛かり"について最も重要であり、今日的に利用されている精神的疾病の区分が、ICD-10分類とDSM-IV分類である。

実例としてまた単純化して採用されたモデルの一つとして、精神的な病気の生成について説得力のある説明はできない。今日ほとんどすべて精神科活動におけるすべてが、名を挙げられたモデルに統合する生物精神社会の疾病モデルから出発する。

生物医学的な疾病の見地は、その中に易損性概念として入る。妨害が前もって定められるのではなく、"傷つきやすいこと"を身体的なあるいは精神的な負担(ストレス)の下で展開する。この見方は様々な処置の手掛かりの組み合わせを可能にし、職業グループ間の協働を支援する。それは任意性と、それによってすべてが何らかのより近く確信した仕方でなく、一つの役割をする一つの態度、と取り違えられることはない。

病気の視点は、そのうえ増して健康を維持する保護要素への問いによって補足される。それに数えられるものとして、

・統制確信(自己の運命に影響を与えうる感情)

・楽天主義

・積極的な将来に期待

・適切な社会の支援

アーロン・アントノフスキーは、サルート遺伝的なモデルにおいて(その中で彼は、いずれの前提を健康が必要とするかを説明する)、健康はいかに成立するかの問いのための中心の要素としての接着感を説明する。接着感とは、世界と自分自身を理解する感情、環境の要求を克服しうる感情、そして参画と努力は報われるという感情を含む。なぜならそれらの援助によって重要な目標が達成されるからである。

現代の治療のコンセプトは、病んでいる者の資質に方向づけられている。より高い年齢ではしばしば、多要因的な病気発生に寄与する、下記のような様々

な負担要因の総和になる。

・身体的な病気と障害の増加
・困惑した人間の生存史から理解しうる精神的なコンフリクト
・関係危機
・喪失体験、例えば友人や親族の死および病気
・故郷を追われて根なし草になる、また故郷の喪失
・老齢貧困
・時代史的要因、例えば戦争体験
・政治的影響、例えば貯蓄対策

精神的病気の治療

現代の入院者に対する精神医学の目標は、病んでいる者の社会的な治癒、すなわち彼が住んでいた生活にふたたび編入することである。これに当てはまるのは、困惑者が、

・自分とその周囲に対して現実的に判断することができる
・彼の生活にとっての責任をとることができる
・可能な限り通常な条件の下で生活を続けることができる

老人精神医学上の病気を持つ人間も入院の治療段階に従って、しばしばその住んでいた環境に帰ることができる。

精神的病の多要因の発生諸条件に応じて、様々な治療の手掛かりがある。

薬による治療は、統合失調症、強制障害あるいは重いうつ病のようないくつかの病気形成の場合、処置のうちの絶対必要な一部を形づくる。しかし精神療法の同行と結合されるべきである。不安障害や軽いうつ病のような他の精神的疾病のために、それは処置の開始時に、ないしは同行しながら正当性を確かめる。もちろんこの精神的障害の場合、高齢においても精神療法の形式は使用される。

・行動治療。例えば激怒、パニック発作の分解の場合
・対話治療。喪失体験に基づく反応のうつ病の場合
・自己の訓練。空想旅行および進歩主義的筋肉リラックスのような緊張緩和療法
・精神分析。この治療形式はしかし老齢者の場合、実施されることは非常に

まれである

・社会治療は生活諸条件の改善ないし保全に向けられている

2）精神的疾患の区分[2]

精神的疾患の区分は特に2つのシステム、ICD-10分類およびDSM-IV分類に従って行われる。後者は特にアメリカにおいて優遇される。

ICD-10分類（疾患、負傷と死の原因）は、アルファベットと数字を組み合わせて診断名の分類・コード化を行う（表8-1）。両者の分類は、それらが強く述べていることを共有する。

精神病理学の鑑定結果の高揚

精神病理学は、人間が自分自身そしてその環境を病気によりいかに体験しうるか、また彼がそれに対して病理学上にいかに振る舞いうるか関わる理論である。それは精神的な人目を惹く記述のための概念を引き渡す。

精神病理学的鑑定結果は、対話、観察そして心理学的なテストの鑑定結果である。これで診断は精神的な病のところで体を支える。

病人観察の場合、意識や方向感覚、注意や記憶、思考の過程や思考内容、知覚すること、私体験、気分、衝動そして精神運動が評価される。

表8-1　精神的な疾患に関するICD-10分類（一部）

分類化*	病気	例
FO	・器官の症状としての精神的な障害を含めて	・疾病アルツハイマー
F1	・精神法の（精神に作用する）実体による精神的および行動障害	・せん妄（うわごと）
F2	・統合失調症の、分裂タイプと妄想を起こされる障害、分裂情動的な障害	・統合失調症
F3	・情動的な障害	・躁病
F4	・神経症の、負担や体性の（＝捉えることができる身体の病気のない）障害	・一般化した不安障害
F5	・身体的障害と共に行動の人目を惹く	・非器官的睡眠障害
F6	・人格および行動障害	・情緒的に不安定な人格障害（境界線タイプ）

＊Fグループ（精神的障害と行動障害）から一部抜粋。

3）精　神　病

定義

困惑：途方に暮れること（自身の空間および時間感覚に関する障害）から、複雑な症状型による精神的障害、思考障害（例えば遅くする思考、病的な妄想）および記憶力障害まで。

診療所で緊急の器官的精神病と認知症とが区別される。しばしば人は緊急と慢性的な困惑概念を同じ意味に利用する。

A　緊急の器官的精神病

症状

緊急の器官的精神病（せん妄、うわごと、通り抜けシンドローム）は突然生じる。しばしば数時間あるいは数日継続する。

最も重要な緊急の器官的精神病の症状は、

- ・意識や注意低下
- ・時期前（せん妄前）において、不安、眠れないこと、震えること、明かりや騒音に対する過敏さ
- ・場所や時間に途方に暮れること
- ・運動性の不安。例えば逃げ去る、手間暇のかかる雑用
- ・時には幻覚を起こす。例えばアルコールで起こる妄想、白いネズミ
- ・不信。時には攻撃性
- ・うわごとの鎮まった後の思いの間隙
- ・自律神経の障害。例えば汗、めまい、血圧低下、頻脈、睡眠・起床のリズムの逆転、乾燥する舌

注意

“緊急の器官的精神病”診断については注意して扱う。なぜなら、入院施設の毎日において従うあるいはそれにふさわしくなく反応し、そのもとで苦しむのはすべての人間ではない。この症状にとっての原因は、例えばある聴力妨害にあるかもしれない。

軽症の人々は、最初の視線に対しては控えめであるが、問いかけると、例えば現在にとって重要な日付を挙げることはできない。症状の重い人は必ずしも隣の従業員を識別せず、休憩や目標なしに部屋を走ったり、夜中に起きて日中

に長い睡眠時間をとることによって睡眠・起床のリズムに大きな障害を示す

原因

緊急の器官的精神病は、大抵多くの要因の調和によって引き起こされる。それらの最も重要なものは、

- ホルモン障害、脱水、電解質の障害、脳の酸欠、低血圧症、心不全あるいは呼吸不全、緊急の感染、尿路、代謝脱線（例えば真性糖尿病の場合）
- 認知症
- 医原的（医学的治療によって制約される）原因、例えば薬剤あるいは長い麻酔の副作用
- 中毒、特にアルコールあるいは薬剤によって
- 重い精神社会的な負荷、例えば居住地の移転（入院施設への引っ越し、病院への指示）あるいは密接な関係個人の喪失（例えば連れ合いの死）

これらの諸要因は綿密な既往歴（大抵見知らぬ既往歴）ならびに身体的そして技術的な調査によって分析される。原因が除去されるならば、急性の障害はしばし消失する。もちろん大部分の急性の困惑状態は、それまで覆い隠されてきた治しようのない認知症に基づいている。

注意

緊急の器官的精神病は、綿密な説明、監視そして世話を必要とする医学的な緊急症例である。拒食症、協力、走り去る傾向そして攻撃的な行動のためにしばしば不可能でありまた困惑者を危険にする。彼らは場合によってはある診療所において強制指示また-治療を理由に挙げる。その限りで人はかような状態において監視と静かな、施設の世話を必要とする。

慢性的な困惑

困惑はゆるやかに生まれ、そして月々あるいは年々にわたって増加してくると、人は慢性的困惑を話題にする。

原因は、ほとんど多くの著者が慢性的に困惑した人間を認知症の人間と同一視するので、いつも認知症である。

B　情動的障害—うつと嗜癖

定義

情動的な障害：精神的病気、その場合病気による気分の変化が前面に存立す

る。低下した気分の場合、うつといわれ、高められた気分の場合嗜癖という。

病気の発生

情動的な障害は多要因的に制約される。すなわち遺伝的素質や環境影響の調和によって発生することから出発する。負荷している声明の出来事、ホルモンによって置き換えることあるいは身体的な疾病が、解発因として考慮の対象になる。

区分

ICD-10 では以下の間を区別する。

・人間的エピソード

・うつ的エピソード

・うつ的および人のエピソードに両性の情動的障害

・再発するうつによる障害

・長く続く情動的障害

情動的障害の場合も、妄想や幻覚のような精神病性の症状が現れる。重い情動的障害の程度は“軽い”“中間”“精神病性の症状のない重い”そして“精神病性の症状を持つ重度”における分類によって記述される。

うつ病の定義

うつ病は、多数の精神的、精神社会的そして身体的な症状を伴って起こる、患者の病気により抑えつけられた気分による情動的な障害である。

人は、喜びの時間と並んで悲しみの時間も体験する。気分の動揺は生活に必要とされる。うつ病は、特別に重い悲哀や意気消沈が継続することによるばかりか、質的にも“通常の”悲しみとは異なる。それは人間を変え、本人自身のみでは克服することは多くの場合困難である。

うつ病は非常にしばしば起こる。概算ではすべての人間の 15 ％が心を苦しめる。女性は男性の 2 倍うつ病になりやすい。老齢の場合うつ病の頻度に関する数字は統一的ではない。しかしいずれにせよ介護施設において抑圧しつつ高い。介護施設の入所者の 40 ％までがうつ的と診断される。

うつ病を高めているのは、

・慢性的疾患

・好ましくない生活回顧

・好ましくない見通し

・硬直した行動模範

・狭い関心

・少ない欲求不満耐性あるいは好ましくない体験の不十分な処理

・(学んだ) 頼るもののないこと

症状

うつ病の頻繁な症状を表 8-2 にまとめた。

うつ病の人間は打倒され、抑圧されそして喜びがない。いく人かの人間は悲しいと言い、他の者は彼らが今まで一度も真の悲しみを受けることがなかったことを強調する。彼らはむしろ"空虚"でそして"枯死したよう"である。しばしば患者は、特に他人に対して心のこもった感情を失いながら病んでいる。患者は、良くなることあるいは美しい未来への何らの期待を持たない。彼らにとってさらなる生活はしばしば耐えがたく、意味がなく現れる。したがって彼らは自殺を最後の逃げ道とみる。

注意

うつ病の症状の場合明らかに高まった自殺性が生じる。『ステッドマン医学大辞典』(第 5 版、1069 頁) によれば、

米国では 1 年に 2000 万人の人がうつ病性の疾患に罹患している。おおよそ男性の 10 %、女性の 25 %が人生のどこかで大うつ病を経験し、そのうちの 15〜30 %が自殺する。うつ病の危険因子は、薬物やアルコールの乱用、

表 8-2　うつ病の頻繁な症状

経験	行動	身体的症状
・悲しみ、楽しいことのない ・頼るもののない ・不利な自己展望 ・生活への不利な視線 ・思い悩む傾向 ・責任や妄想思考 ・内的空虚 ・何も通じえない感情 ・集中と記憶障害 ・自殺思考	・退路 ・課題むしろ通常、ホビー ・日々もはや片づけられない (例えば買い物) ・対話には何ら関心がない ・一部いらだち	・睡眠障害 ・(拡散の) 痛み ・頭痛 ・給付喪失 ("すべて難しい") ・疲労 ・食欲障害 (しばしば重い喪失に伴って起こる) ・リビドー喪失

慢性身体疾患、人生におけるストレスに満ちた出来事、社会的孤立、身体的あるいは性的な虐待の経験、うつ病性疾患の家族歴である（一部省略）。

メランコリー、うつ病：①快感消失、不眠、精神運動の変化、罪悪感を特徴とする重症のうつ病、②①以外の疾患で生じる一症候、気分の沈み、思考の停滞が特徴

心気性うつ病：しばしば根拠がないのに身体に関する病訴を伴うメランコリー

退行期メランコリー：退行期うつ病、通常更年期に起こる中年のうつ病

『ステッドマン医学大辞典』（第6版、493頁）では、うつ病を起こす医学的状態として次の症状が挙げられている。

中枢神経系障害：パーキンソン病、認知症、脳卒中、出血または血腫、腫瘍、神経梅毒、正常圧水頭症

栄養欠損：葉酸塩またはビタミン B_{12} 欠乏、悪性貧血、鉄欠乏

心臓血管障害：心筋梗塞、うっ血性心不全、亜急性細菌性心内膜炎

その他：慢性関節リウマチ、癌（特に膵臓または腸）、結核、三期梅毒

内分泌代謝障害：糖尿病甲状腺機能低下/糖尿病甲状腺機能亢進、低血糖/高血糖、副甲状腺障害、副腎障害、肝または腎障害

液体および電解質障害：高カルシウム血症、低カリウム血症、低ナトリウム血症

感染症：髄膜炎、ウイルス性肺炎、肝炎、尿路感染症

C　統合失調症

定義

統合失調症は、知覚、思考、情動そして本人であることの統一や秩序の喪失による全体人格の重い障害によって特徴づけられる精神的な病気である。統合失調症には多くの出現形態があるので、統合失調症のグループあるいは統合失調症の形態領域の病気についても述べる。頻度はおよそ人口の1％のところにある。発現の頂点は20〜30歳の間にある。10歳以前には発現はまれである。同様に老齢における新しい発現もまれである。知られている統合失調症の場合、老齢において、しばしば認知症疾患とのコンビで再び現れる。そのうえ統合失調症を持つ人間は、しばしば老齢に達し入院して世話されることになる。

統合失調症の本質を説明するのは難しい。統合失調症の経験は不慣れなので、人はほとんど伝えることができず、あるいは他人の症状を共感して理解することができない。病気の中心には思考、知覚そして情動の特徴的な変化がある。患者の現実性への関係は阻止される。知的な能力は大抵維持されている。

原因

統合失調症の原因は結局知られていない。推定上で多くの要因が一緒に作用している。

・家庭や双生児研究の結果、統合失調症になるのはカテコールアミン仮説に従えば大脳辺縁系の領域におけるドパミンとノルアドレナリン作用の障害が推測される。

・心理学的な理論において早期の児童期における家庭の問題、特に母による不十分な情緒的なやさしい心遣いが因果的に見られる。

症状

統合失調症は多数の症状の中に現れる。それらは各々の病気の場合すべてでなく、同時に現れるのではない。

プラス症状とマイナス症状

優勢な症状の場合、プラス症状とマイナス症状が区別される。

・プラス症状（積極的症状）は、ある健康な人間の場合には現れない現象、例えば、妄想、幻覚および思考散漫である。

・人目を引いて低下する、あるいは欠けている精神的な諸機能は、マイナス症状（否定的症状）といわれる。マイナス症状は例えば情動、衝動そして言語貧困化、無気力、社会的退路や身体介護の不足である。

形式の思考障害、情動障害

自閉症

統合失調症の広い基本症状は自閉症である。この下で人は、"じっと考え込んでいる私"そして現実性から自分の殻に閉じこもることを理解する。患者はいわば"私的世界"に生きている。

私体験の障害

衝動と精神運動の障害

緊張病の出現（障害のある恣意身体運動、英語でカタトニア）は、衝動と精神運動

8章　精神医学と精神病理学の区分　75

の障害によって、従来と比較してわずかに明らかにかたちづくられる。カタトニアに属するのは、例えば無言症（ラテン語「mutus＝無言の」から。言語拒否の意味における黙っていること）、気まぐれな態度、自動症、わざとらしさ、顔をしかめるあるいは運動の激しさなどである。

治療、経過と予後

統合失調症の経過は、一部見通しえないそれ自体の法則に支配されている。しかし個人を取り巻く環境にも依存する。数年の疾病経過ののちに、統合失調症を持つ人間の場合ある快善と治癒に移行する。

統合失調症は急性と慢性的に経過する。5〜10％の高い自殺率を持つ重い病人がいる。

4）不安と強迫障害

定義

不安は人間の基本体験の一部である。不安は防衛あるいは逃避行動に導くため、同時に発育史的に生き延びるために必要である。何らの不安を知らずあるいは感じないものは病んでいるのである。

不安は心的そして身体的な現象である。不安は脅威や引き渡される存在の徹底的な感情ならびに動悸、“アスペンの葉のような”振動、発汗（湿った手）、めまい、乾いた喉、重苦しい気持ちの感情、不快感や下痢、イライラした状態および失神感情のような自律神経の症状に導く。

不安の形態

現実不安：人間は不安とともに威嚇的な状況に反応する。不安はここで、危険を避けまた危険に対する戦いにおいて特別のエネルギーを結集するシグナルである。この不安を人は現実不安と呼ぶ。

実存不安：実存不安は明らかに動機にない、特定の状況に結びついていない不安である。哲学は実存不安と、人間に強いる、彼の生活自身を形成する自由との間の関連を見る。それは“自然に保護されていること”の喪失に伴って起こるだろう。

精神的病気の場合の不安：不安は特に精神的病気の頻繁な症状また不安疾病の場合に支配的な現象である。神経生物学的に、不安感情はZNSのセロトニン

システムにおける障害によって引き起こされるという指摘がある。精神分析的には、不安は心の、いわば解かれないコンフリクトの結果として説明される。

不安状態にとっての身体的な原因
- 心筋梗塞
- 高血圧症
- 肺塞栓症
- ぜんそく発作
- 甲状腺機能亢進
- 中断後、例えば生薬、アルコール、薬剤の禁断症状

不安障害

定義

不安障害は、支配している症状としての不安を持つ精神的病気である。人口のおよそ10％は、その生活において不安障害に関わっている。年齢において不安は、身体的な苦労や死ぬことといった要因の増加によって増える。

精神病理学上の現象としての不安は、ほとんどすべての精神的病気の場合に生じる。ノイローゼに属する不安障害の場合それは中心の症状になる。

不安障害の発達を促進しうる要因は、
- 学識のあるないしは学識のない克服戦略のような個人に依存する特殊性
- 使い果たすこと、存在するコンフリクト状況、不足する可能性のような自己イニシアチブあるいは活動性のための今日的な状況の特殊性

人は一般化した不安障害、パニック攻撃や恐怖の障害を区別する。

恐怖

恐怖（恐怖の障害）の場合、狼狽者は具体的な対象あるいは状況に直面して不愉快にさせる不安を感じる。彼はこの不安に手こずりながら、馬鹿げたこととして体験する。しばしば狼狽者は、きっと期待不安の下で本当の不安をしまって置いている状態に悩んでいる。恐怖の障害はしばしば女性に起こる。そしてしばしばうつ病が伴って現れる。

広場恐怖は、従来はもっぱら大きな場所における不安を広場恐怖と呼んでいたが、今日では一つの恐怖のまとまりとして理解される。それらは例えば、家を出る、事務所に入る、バスあるいは鉄道で旅をするあるいは大衆を横切るこ

8章　精神医学と精神病理学の区分　　77

とを不安として表す。

社会的恐怖とは、人が状況の中で、例えば異種の従業員と一緒の食事、会合あるいは小さなグループでの話し合いの場合、他人の眼差しにさらされていると感じる。しばしば病人は乏しい自己価値観と批判に対する不安の下で悩む。

処置

取り扱いは、行動療法士が代理を務める学校に依存する。行動療法士は、適切に首尾よく証明された脱状態化（脱感作化あるいは混じりけのない対決）の方法によって作業する。

強迫障害

定義

強迫障害（強迫ノイローゼ）は、指導症状はおよそ強迫による（例えば手を洗うことを繰り返す）。強迫現象など（強迫思考あるいは行動）によった精神的病気である。強迫現象を阻止する試みの場合、狼狽者は大きな不安を手に入れる。年齢において強迫は特に安全のための儀式として、しかし認知症の疾患の枠内においても増加して現れる。

軽い形態における強迫はたびたびある。多くの人間は、事前に発生地を統制しあるいは、鍵が手提げカバンにあることを3回信頼がおけるかどうか確かめることなしには家から行くことはできない。強迫は思考にも関係しうる。特定の思考あるいは回想は再三再四現れる。もっとも狼狽者はそれに抵抗するとはいえ。

強迫障害の場合この現象は際立つので、それが患者の生活指導において妨げとなる。彼は次いで3回ではなく、100回カバンの中身を検査し、あるいは2回ではなく30回続けて手を洗う。

症状

強迫症状はしばしば足を踏み出す。狼狽者に著しく妨げる強迫思考や行動として現れる。強迫思考は、狼狽者に彼の意志に対して押しつける理念、心像あるいは想像力となる刺激である。強迫行動（強迫態度）の下で人は、患者が内的な強制の下で常に繰り返す活動を理解する。それが冗談を広げるのでもなくまた意味ある機能を持つのでないにもかかわらず。

処置

強迫障害にとっても行動療法的および精神分析的に志向された精神療法がある。比較的良い結果を示すプログラムがある。それには病にかかった者がまず、強迫を呼び起こし、次いで、強迫に強力に逆らい、それと結びついた不安に持ちこたえるトレーニングをして状況を識別する行動治療プログラムである。薬による処置としては、セロトニンによる復帰阻止が証明されている。

5）負担障害と適応障害

定義

経験反応：以前心的に"健康な"人間の場合、極端な外部の負担の結果として精神的な障害が起こる。急性の負担障害とより長い継続的な負担による適応障害に区別される。これらは年齢に応じて増加して現れる。しばしば病気あるいは喪失出来事の結果である。さらに、しばらく前には極端な外部の負担が健康な人間を精神的に病ませるかどうかが争われていた。外部の負担はむしろ作動レバーのような一つの原因とみられた。その間、力で押さえつけること、大規模災害あるいは政策的追及、精神的病気の原因のような極端な経験は、その際もちろん狼狽者の人格、その身体的な処理、その社会的な領域も本質的な役割を演じることでありうるという説が支配的である。

負担障害

急性負担障害（危機反応、"神経ショック"）は、緊急の出来事の結果であり、極端な負担の後のわずかのうちに現れる。

さしあたり一種の"麻痺"に陥る。狼狽者の注意は制限される。そして彼は方向感覚がなくなる。次いで、うつ病、不安、怒り、絶望、激しい怒り、過度の活動（逃避反応として）あるいは内部の後退（擬固）のような多様な症状が生じる。2、3時間後あるいは遅くとも数日のうちに症状は和らぐ。そのほかに処置の必要性が存在する。

外傷後の負担障害（心的外傷後ストレス障害〔PTSD〕、本書86頁）の場合、反応は遅れ、したがって何カ月後あるいは何週間後に生じたりする。それは異常な強迫状況の結果、すなわち重大な自然災害あるいは災難である。

外傷後の負担障害は、狼狽者が災害を彼の記憶の中で余韻記憶あるいはフ

8章　精神医学と精神病理学の区分　79

ラッシュバック（進行中に過去の出来事を現出すること）として、再三再四体験することによって特徴づけられる。彼はその夢を見る。そして記憶、写真、書物あるいは会話のように、目覚めて保持しうるものを、特に怖がる。そのうえ彼は身の回りの生活の喜びや関心を失い、そして情緒的および社会的に閉じこもる。これに眠れないこと、臆病なことそして高められた緊張から油断なく周囲を見張ることにより、自律神経が非常に興奮しやすい状態に至る。うつ病、不安そして自殺思考が現れる。多くの場合、嗜癖、例えばアルコールへの逃避が発生する。

外傷後の負担障害は変わりやすく矩形化する。大抵―事情によっては精神療法の支援によって―治癒に至る。

適応障害

適応障害について、人は、長く継続する極端な負担が、ちょっとした重い病気あるいは根こそぎにすること、すなわち逃避、引っ越しあるいは施設への入院によって、病気に導かれた。狼狽する人間はふさぎ込み、不安そうである。彼らは、新しい生活状況に囲まれることはできないと感じ、日々克服することへの困難さを感じている。うつ病へ移行する場合もある。

治療としては、喪失経験の精神療法の研究と並んで、社会精神医学上の処置によって社会的な生活に順応していくことが重要である。

例えば、75歳の女性は入院施設へ入ったのち2、3週間ふさぎ込んでいる。唯一の娘が再び結婚してその夫と離れて住んでいる町へ移ったので、母は家に一人でもはやとどまることはできない。家は、入院の費用にあてるために売却される。この母親はそれによって同時に家庭のきずなとその長年の「家」の時間を失った。精神医学上の処置と並んでここで社会的結合と保護されていることの感覚の再構築が前面に立つ。チームは、この女性を共同体の社会的な生活に引き込むことを試み、新しい接触のきずなづくりを促進する。

6）人格障害

定義

人格障害（性格ノイローゼ、病的な人格）は、人間の性格の極端な変形、すなわち一人の人間の体験と行動の長い期間にわたる基準からの著しい逸脱である。

頻繁に起こるのは人口のおよそ5％で、人格障害は年齢との関係は大抵の場合、直接には認められない。しかし周囲に共感しつつもついて行けない狼狽者のしばしば難しい態度において現れる。同様にそれは周囲の変化、例えば介護施設への入居等によって強化されうる。

人格障害の治療は難しく、また手間がかかる。大抵狼狽者の人格構造を本質的に変えることは成功しない。前面に押し立てることは故に緊急の克服であり日常における援助である。投入されるのは精神療法上と同様社会療法上の方法も同様である。

人間の数えきれない性格の特徴の各々は、人格障害の意味において"脱線する"のである。特にしばしば次に挙げられた形式がある。

情緒的に不安定な障害（ボーダーラインタイプ）

ボーダーラインタイプの情緒的に不安定な人格障害のある人間は、何らの固まった「私」を持たない。それは経験や態度における動揺によって（例えば激怒の勃発によっても）、また人間間の関係のなくなっている安定性において現れる。後者はしばしば変えられるパートナーシャフトあるいは友好関係に導く。典型的であるのは自己を傷つける傾向である。

ボーダーラインタイプの者は、その特殊な関係障害によって治療チームを迅速に分ける（"割る"）。チームの仲間は、狼狽者の良いそして悪い協働者への価値を引き継ぐ。チームのメンバーは狼狽者を様々に知覚し、たびたびの好感あるいは反感を彼に対して発展させる。患者の内的な引きちぎられた状態はチームの詳細の説明に反映されている。

ヒステリーの人格障害

ヒステリーの人格障害（ヒステリーの性格ノイローゼ）は、どんな場合でも中心に立とうとする人間が関係する。

次の指導症状が障害を性格づける。

・自己顕示の欲望。ヒステリーの人間は日中に目立った大げさな態度をとり、それぞれの小さなことをドラマ化する方向に傾いている。その場合それらは創造力にあふれて表明される。

・体験癖。わずかな重要体験、例えばヨーロッパ間のちょっと小さないちゃつきを不幸な結末を持つ大きな事件に誇張する。

8章　精神医学と精神病理学の区分　81

・無関係とコミュニケーション障害。ヒステリーの人格障害は会話に直ちに押し入り、直ちに接触しようとする。しかしあくまで表面上に留まりまた深い関係には入らない。

・心因性の身体的な症状。身体疾患は、自己顕示の欲望の満足感と現実からの後退の役割をする。

治療や関係形成の前面において、今日的な問題の現実的な処理が存在する。狼狽者は治療の際の会話の間、彼らによって求められたやさしい心遣いや世話を見出し、あるいはその自己価値観を特定の領域での給付によって成功するなら、彼らはその症状の一部をおそらく放棄することができる。

妄想性の人格障害

妄想性の人格障害を持つ人間は容易に、執念深くすぐに傷を負わされたと感じる。他人の友好的な行動は敵対的に解釈される。そしてこの敵意は、例えば"謀反論"によって説明される。多くの場合、それはけんかっ早い、致しがたいそしてふさわしくないその正当性のため作用を及ぼす仕方で闘う。その場合彼らにはとってまず第一に"正当に受け取る"ことが重要で、物質的な財貨は重要でない。ついで人は文句ばかりいう人格障害について述べる。これは意味知覚（聞くこと、見ること）における障害によって強化される。

統合失調型の人格障害

統合失調型の人格は、クールではねつけるように、またその環境に無関心に作用する。まれにそれは実際の喜びを感じあるいは温かい関係に就く。内心ではそれはしばしばその孤立化の下で悩み、また非常に傷つきやすい。彼らとの交際において、人間がゆっくりとその打ち解けないことから見出しうるために、彼らが応えることなしに拒否や病気に耐えることに向けられる。他面狼狽者は―もし独りでいることで苦しまないなら―過度の社会的な能動性に強いられることはないだろう。

必然的な人格障害

必然的な人格障害（強迫性人格障害）は、必然による性格を受け入れうる整頓好き、倹約そして頑固によって特徴づけられる。人は狼狽者の整理あるいは計画を邪魔するならば、本来の危機が惹き起こされる。付き合いにおいて介護者はまさに通用している規則に従うべきである。例えば、延期した訪問あるいは

治療の中止のような時間の厳守、そしていつもどおりでないことは早めに知らせるべきである。

抑うつ性の人格障害

抑うつ性の人格障害をもつ人間は、大抵静かで目立たない。そして極度に無批判に周囲の世界に順応している。彼らは意気消沈して作用しまた厭世主義的に未来を見る。しばしば彼らは心気症の内観に傾く。

7）嗜 癖 疾 病

定義

嗜癖（依存）は、ある一定の実質を再三再四補給する、あるいは一定の活動を再三再四実施する一人の人間の自制しえない要望である。もっとも彼は自分あるいは他の人をそれによって害するとはいえ、頻度は年齢において 10 ％を超える程度である。正確な情報は存在していないが、入院施設において嗜癖疾病を持つ高められた人間の持ち分がある。

ICD-10 は実体依存の診断のための規準を確定した。依存が、もし 3 年あるいはそれ以上以前のことが年間次の基準に満たされていたなら、それに従って成立する。

- 強い願望あるいは精神婉曲の（精神に作用する）実体を消費する一種の強制
- この実体の開始・終了の、そして消費の量に関して低下した統制能力
- 身体的な禁断療法を施す症状
- 薬物耐性発展の指示、望まれた効果を得るために、消費者は事態の高まる量を引き取らなければならない。
- 実体消費への固定化に基づいて、これまでの行動（例えばホビーの）の進みを無視する
- 証明されたような有害な（身体上の）結果にもかかわらず持続的な実体消費

病気発生

嗜癖発生に対して多数の理論があるが、すべての説明の試みは、嗜癖疾患の原因が不明であることを見えなくするものではない。

ある嗜癖の心の前提として、嗜癖の欠点維持が通用する。嗜癖がある者は、現実から逃れるよう試みる。彼は薬物から、例えば高い給付能力をその金銭的

困難の解決、不安や苦痛の解放、休息、緊張緩和および調和あるいは新しい経験を期待する。薬物に手を出すことによっては、問題は解決されない、(感覚の)空虚は満たされず、薬物の夢の世界の後、現実はさらに厳しくまた圧迫を加えながら現れる。多くの者にとって、新たに薬物を手にとり、少なくとも毎日少しの時間を忘れることは身近にある。

　伝記では嗜癖患者について、人は比較的しばしば障害のある家族関係(ブロウクンホーム)を見る。しばしば両親あるいは兄弟姉妹は嗜癖患者あるいは人格障害である。たびたび父子関係は否定的である。おそらく過度の甘やかしや過度の母との結びつきも役割(過保護)をもっている。次いで子供は、断念をうまくやっていくことを学ぶことはできない。

　精神分析者は、嗜癖の場合"口頭の"発展段階での固定化(立ち止まり)を記述する。そこでは、欲求は特に口頭領域における刺激によって満たされる。各々人間には、原理的に嗜癖がある。しかしながらすべての人間が同じように嗜癖の危険にさらされることはない。いずれの嗜癖も、ひとりの人間が次第に生じるかまたとりわけ発展させるかは定かではない。しかし彼の人格によってだけでなく、社会的条件およびその時々の薬物の特性にも依存する。

　以上はドイツ医学の精神病理学の区分である(*Gesundheits- und Krankheitslehre,* S. 462-497)。

【注】

1) Heir(Hrsg.), *Altenpflege konkret Gesundheits- und Krankheitslehre,* Urban & Fischer, S. 455-456.
2) Ebenda, S. 462-497.

9章

個性と作業行動

1. 不安が起こす病気

　神経症は、一過性、完全に治癒しうるものであるにせよ、誰でも生活の中で経験する不安や恐怖と、そのための苦悩の延長線上にある心の病である。

　この神経症と混合されやすいものに心身症がある。心身*症は、心の問題が体の症状として現れるのが特徴であり、どちらも体に症状が出るのは共通だが、基本的には、神経症は心の病気、心身症は体の病気として位置づけられる。

> ＊ここで「心身」の意味は、身体の障害または疾患に関し、身体の生理学的機能に対して心や脳の心理学的機能が与える影響のこと、および心理学的機能と疾患の相互作用のこと、特に二次的利得の可能性がある場合、蔑視的に利用されることがある（『ステッドマン医学大辞典』〔改訂第6版〕1520頁）。

　そうではない事実であっても、状況次第で悪い方に考えてしまう。それが人間の本性であり、何らかの抑制によって不安（大きなストレスがもたらす心の病気から）となる。

　不安障害[1]とは、様々な不安を呈する疾患の一群で、DSM診断の一分類である。これにはパニック障害、特定の恐怖症、単純恐怖症、社会不安性障害もしくはかつての社会恐怖、強迫性障害（OCD）、外傷後ストレス障害（PTSD）、急性ストレス障害、全般性不安障害（GAD）、身体疾患または物質誘発性の不安障害、特定不能の不安障害がある。

　強迫性障害は、①反復する強迫観念、持続的に侵入し続ける観念、思考、衝動またはイメージ、または強迫行為（強迫観念に反応して不安を軽減するために目的をもって意図的に行われる反復性の行動）を基本的な特徴とする不安障害の一種であり、これらの症状は著しい苦悩を引き起こしたり、時間を使ったり、日常の

活動、職業上の機能、または社会的活動や対人関係に著しい障害を引き起こしたりするほどに重篤である。②DSM 診断の一つで特定の診断基準を満たせば確定する。

強迫性人格障害は、①達成不能の完全主義を特徴とする成人期における全般的な行動様式、規則、細部、秩序へのとらわれ、他を支配するための理由のない試み、仕事への過剰な没頭、いろいろ考えて決定できなくなりすべてにおいて柔軟性、寛大さ、効率を欠いてしまう、などを特徴とする。②DSM 診断の一つで特定の診断基準を満たせば確定する。

器質性精神障害は、一過性または持続性の脳機能障害に伴う心理面、認知面ないし行動面の異常であり、通常、脳器質性精神症候群が見られるのが特徴である。

妄想性人格障害は、①パラノイド障害または妄想性パラノイド障害より障害の程度が少ない人格障害である。その基本的な特徴は、成人期早期に始まり、様々な場面でみられる。意図的に利用している、害を与えようとしている、おとしめようとしている、または脅威を与えようとしているなどと、他人の行動を根拠のないまま黙って解釈する全般的な傾向がある。②DSM 診断の一つで特定の診断基準を満たせば確定する。

心的外傷後ストレス障害（PTSD）は、①通常、ふつうに人間が人生を送る上では経験しないような心的外傷体験の後に生じる特徴的な症状であり、この中には原因となった外傷体験を反復する再体験や外傷を思い起こさせるような刺激の回避、外的刺激に対する無感覚、様々な自律神経機能障害および認知障害、不快気分が含まれる。②DSM 診断の一つで特定の診断基準を満たせば確定する。

急性ストレス障害は、①普通の人の経験の範囲を超えた心理的な外傷的な出来事の後、最初の４週間の間に特徴的な症状が進展する。これらには解離現象（無感覚あるいは無関心）、周囲に対する気づきの低下、現実感喪失、離人症、選択的健忘があり、出来事を再体験し、外傷的出来事を連想させるものを避けようとする、著しい不安、自律神経系の覚醒状態に関する様々な症状を示すことなどがみられる。②明記された診断基準を満たすときに用いられる、DSM 診断名の一つである。

全般性不安障害（GAD）は、①慢性的に不安反応のエピソードがくり返され、不安ないし病的なおそれと心配が前景に立ち、自律神経系の変化を伴う心理障害である。② DSM 診断の一つで特定の診断基準を満たせば確定する。

2．心身症と作業関連疾患

　心の病気には、神経症に限らず、心の状態が身体状態に影響を及ぼすことから、身体に症状の現れる心身症がある。心身症は、長く（または強く）ストレスを受けることで、自律神経系など、様々な生命活動のコントロール系に支障をきたし、そのため胃潰瘍や高血圧、心筋梗塞といった病気を引き起こしたり、病状を悪化させるのが特徴である。

　「精神の病気」と「身体の病気」を二分割する欧米では[2]、精神病（統合失調症、躁うつ病）と非精神病（心身症、神経症）に分けられていて、その正確な識別をするのが精神病学である。

　日本心身医学会は、心身症を「身体疾患の中で、その発症や経過に心理社会的な因子が密接に関与し、器質的ないし機能的な障害が認められる病態をいう。ただし神経症やうつ病など、他の精神障害に伴う身体症状は除外する」と定義した[3]。この定義から心身症は、体のある特定の器官の炎症など、器官の組織が病的に変化している状態や、その器官が本来果たすべき機能をうまく果たしていない状態であり、また、身体の不調については心理・社会的因子、すなわち、ストレスが関係しているかどうかである。その上、うつ病[4]はこの定義から除外される。この定義から見れば、いわゆる狭義の心身症の規定と考えられる。心と身体の結びつきを考える場合、心療内科の臨床場面では[5]、器質的ないし機能的障害はないが、身体症状を主訴とする神経症患者にもしばしば遭遇する。また、狭義の規定では、疾患に心理社会的な要因が影響を及ぼしているという自覚が明確ではなく、心理社会的の介入が容易ではない。

　心身症がもたらす主な病状には[6]、消化器系（胃、十二指腸潰瘍、潰瘍性大腸炎、慢性胃炎など）、心臓・血管系（狭心症、心筋梗塞、高血圧症、低血圧症など）、呼吸器系（気管支ぜんそく、過換気症候群など）、皮膚系（皮膚掻痒症、アトピー性皮膚炎、慢性じんま疹、円形脱毛など）といった身体に症状が現れるものが心身症である。

9章　個性と作業行動　　87

また、WHO（世界保健機関）は 1982 年に業関連疾患（work related disease）という新しい概念を提唱した[7]。その定義によれば、

・認定された職業病以外で、作業環境と作業遂行が疾病の原因に著しく寄与するが、その程度が様々であるような健康障害。

・明確な職業病とは区別され、一般人口にも出現するが作業環境の中で遭遇する危険因子により惹起されるが、作業環境に関連するもの（例：高血圧・虚血性心疾患・慢性閉鎖性肺疾患・消化性潰瘍・腰痛症候群・筋骨格系疾患・ストレス関連疾患など）。

　WHO 専門委員会で示された作業関連疾患例として主な疾病を示せば、ストレス関連性疾患では、過重負荷、過小負荷、交代勤務、移住、組織における役割や専門的職業、昇進などの心理社会的因子や、人間関係、喫煙・飲酒の習慣などの個人的因子が関与する。慢性的ストレスでは、情報障害、高血圧、消化性潰瘍、過食症、アルコール依存症などを誘発し、高度のストレスで十二指腸潰瘍、うつ病、神経反応性障害などに関連する。また、特に喫煙習慣・アルコール乱用・過食症などの食習慣はストレスに関わり、悪性疾患や心血管の障害など健康に有害な影響を与える因子として重要である。

　日本心身医学会、WHO 双方の定義から、心身症、作業関連疾患とも「身体症状を主とするが、その診断と治療に、心理面からの配慮を必要とする病態」と類推され、発症や経過に心理的な要因が大きく関わっている病状である。仕事上のトラブルや肉親との別離、引っ越しなど大きな心理的ストレスがかかると胃潰瘍になったり、下痢を繰り返すなどの症状がみられる。また、気管支ぜんそくやアトピー性皮膚炎のほか、狭心症や慢性関節リウマチなども、ストレスが強いと症状が悪化する傾向が知られている。

　このほか過食症や拒食症、心因性の難聴や失語症など、発症原因は確かではないが、ストレスの原因や家族など周囲との関わり方の変化が回復のきっかけになる病状もある。

　ところで、診療所において診断と治療が適切になされるかどうかは、大きな問題である。気分障害の兆候で初めて受診を求めるときには、ふつう患者の症状は比較的軽く、精神療法のセラピスト（psychotherapist）などのメンタルヘルスの専門家ですら、うつ病や関連の気分障害についての知識と認識が十分でな

く、誤って心理的問題と診断し、精神療法だけの治療を進められることが多い[8]。また、呼吸器系や循環器系の疾患などでは、内科の病気にストレスが絡んでいるとされ、心身症に多い下痢や便秘は大腸ガンの症状でもあることから、医師が見落とせば死につながるおそれもある。また、最近倦怠感、食欲不振、不眠、めまいといった身体症状を訴える人が多いが、こうした変調は自律神経やホルモン、免疫のシステムがうまく働かなくなったからであり、うつ病のおそれが多分にある。悪化すると自殺に追い込まれる危険がある。

心と体の症状を的確に診断し治療するためには、心身症の定義を、ストレス不安から生じるうつ病や他の神経症を含めた、広義の定義の理解が必要であろう。

3. 作業と協働行動に対する個性構造[9]

提示されたテーマは扱いにくいテーマと思われる。われわれは類型学に関係される際にはいつも、個人の条件にとっての必然的な鋭敏な感覚を失う危険に陥る。しかしわれわれの相互作用可能性をできるだけ経済的に形成するために、われわれは類型化を企てる。だから状況構成が"ほのめかされ"、それによって状況の類型が確立される。これは自然にわれわれの監督行為の際にも、意識的にもあるいは無意識的にも見える。ここで、可能な類型化実践を紹介したい。なぜならわずかな科学的な確認にもかかわらず、ひんぱんに行われたなかでの実際に使える高い舞台装置、それがこの項目である協働行動に対する個性構造である。

この作業と協働行動に対する様々な個性構造の影響が、体質性から導き出される（例えば気性論、居酒屋亭主の体質類型）。あるいは個性研究（9つの障害〔妄想性の、統合失調質の、反社会性の、自己陶酔性の、古代ローマ俳優的な、回避する自己不穏な、依存性の、強迫観念の、積極的攻撃性の〕）から源を発しているか、多数の他の類型学に対して個性のこの視界の見方は、発展の動力学的理解をもち、その透明さによって特に心理学的日常現象にとって良く向いている。知られているモデルは、個々の個人的事柄について多くは含んでいない。その上このモデルによって相互作用の過程がよく理解される。個性という種類やそれに属する心理動力

9章　個性と作業行動　89

学を記述することは、それらの方法能力のためにも、特に心理社会的な助けの学習における応用が全く確かにある。

　傷の治癒過程のためらいの場合、それは統合失調質の個性構造に至る。経口刺激の強い抑制は、抑うつ性の抑制に低く押し出す。運動性の刺激の強い努力の抑制は、強迫観念の個性構造になる。それまでの発展のすべての歩みが何ものにも妨げられずに実施されたなら、異常な過酷あるいは混乱した状態の発生の際に、多面的な個性構造に至る。

　フリッツ・リーマンは、このコンセプトに向かって"不安の基本形態"を、それが病理学から外へ置き、そして"標準心"をその中で把握しうるためにもみずから命名した2、3の精錬化を行った。われわれは相互作用可能性をできるだけ経済的に形成するために、出発点として彼のその時々に対立する作用の中で、多くの力をこの個性構造のために受けとった。われわれすべてが不安の基本形態を経験し、しかしこれは様々な強さ、頻度および協調化の中で経験することがその形態におかれた。そのさい"健康なこと"は、いつも現れる基本不安を受け入れる。これをわれわれは、いかなる場合でも終局的な事実としては受け取らないだろう。むしろそれらはその時々の防衛活力から結果として生じる。すなわち、その不安をますます少なく弾力的に抱くほど、彼はその時々の不安の時の防衛構造というより基本形態にますます少なく引き渡される。換言すれば、誰かが全体的に経験しうるなら、不安から苦しめられることがますます少なくなり、また同時に防衛可能性はますます多様にそして弾力的になる。それは状況の類型を、強いることをしない、また強いられることもない生体の本性が、何らかの抑制によって不安（ストレス負荷）となって生じる4つの症状になる。

不安の基本形態

　リーマンモデルは座標系において提示される。それはいつも2つの原理が対立している。原理①自己回転（ローテーション）は自己持続を意味する。原理②周りをまわること（レボリューション）は上位の関連へ自己挿入を意味する。さらにわれわれは外に向けられた力（遠心力）、すなわち変更と変化への努力と、それに再び内に向けられた力（求心力）、すなわち継続への努力とが対立する

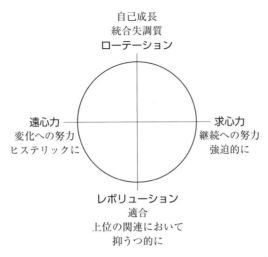

図 9-1　フリッツ・リーマンによる"不安の基礎形態"

（図 9-1）。

- ローテーションに属するのは自己になることである。それが妨げられると、献身に対する不安に導かれる。そして私の損失および依存として経験される（統合失調質の）。
- レボリューション（革命）は、"自己を上位の関連に挿入"することである。それが妨げられると、私になることに対する不安が結果として生じる。そして保護されていないこと、孤立化として経験される（抑うつ性の）。
- 求心力に属するのは継続と安定性への努力である。妨害の場合、不安防御に対する欲求、危険、はかなさ、それに変化に対する不安が強化される（強迫観念の）。
- 遠心力は変化への努力を含む。それが損なわれるならば、それは定められることに対し決定的であることや、自由でないことに対する不安に導く（ヒステリーの）。

① **統合失調質**（ローテーション〔自我成り〕）

統合失調質は、彼が何を感じ、考え、見る、あるいは思い浮かべるかは、もっぱら彼の中で起こる、あるいは外で。それゆえ彼のそれらの投影あるいは現実の体験であるか、どの程度であるかは決して正確には知らない。だから彼

は疑い深く、接触を恐れるまで、孤立化やアウトサイダーの危険と共に用心深い。情動は好ましくなくはない。彼のために力は、彼を何に攻撃的にそして思い上がって作用させるか、自主独立および間隔に対する一手段である。それぞれ近いのは不安を呼び起こすこと（引き渡しまた従属になる不安）である。献身不安は、大抵意識的に結びつきの不安としてのみ経験される。

　大抵それらは振り出されているが、非常に個性的でそして感情において貧しくそして気力をなくしている。それは、多くのものに自分自身を関係づける周囲への鋭い観察や心に留めることによって、危険の下で生活している。非合理で不可解のためにそれらの器官が欠けている。

　服装、言葉や人と付き合う作法は、地味で礼儀正しい。

　すべて、物事に正しく決断することに合わされている。それらの愛好することは理論的な抽象的な領域に向けられている。それは精密科学者、天文学者、物理学者、数学者、心理学者、精神科医、哲学者、目下のところ特にしばしばソフトウェア部門においてである。

　それゆえ、接触をこばまれる人は一匹狼として頭角を現し、おそらくその上変わり者あるいはそれどころか奇行な変わり者で、彼らの前に座ると、大きな蓋然性によって統合失調質の人間であるだろう。

　彼が不必要に逃亡されないために、この意図的に阻止された者は、慎重な出会いを必要とする。原因として、自己献身に対する不安において作用する。そして私的損失や依存として体験される。情感の援助における非常に速い刺激が推測される。

②抑うつ性 （レボリューション〔革新〕）

　抑うつ性は、足を引きずるように活動的でなく何事にも関心をも示さずに働く。最初は彼は他人を考え、みずからは質素で控えめ、無私で我慢強い、卑屈にそして妥協的に働く。好意と人間の近さへの願いによって惹き起こされるなら、彼は対決と争いを避ける。なぜなら彼はそうしないと安全から踏みはずすからである。彼の高い自己確認準備は、彼に大きな近さを可能にする。だから彼は接触ができ、特に子供の言うことをよく聞くことができる。しかしついで子供を解放するのが難しい。

　利他主義、謙虚、犠牲的行為、私心のないこと、思いやり、同情および（性

格の）温和、自虐的、隷属する行動まで本質的性質がある。期限協定の場合彼は、不可能な期限も可能にするすべてのことをなすだろう。

至るところに方策を探し、自己の生活のために決断する他のものは許される。未処理である作業もこのタイプが最後まで片づける。そして延期は実際もはや可能でないならば。その場合一つの重要な原因は、目下の状態から出てそして良心でないものに引き渡されることが不適格なことである。追加して妨げるのは決して達成されず実現されないのは大抵全体的につり上げた私的理念である。

余暇には彼は大抵どうして良いかわからない。特に、彼がひとりでいるときには。一人にされまた見捨てられることは、抑うつそして絶望的気分になる。その基本不安は私になること（"口伝え―攻撃的希求""所有希望"）に対する不安である。

このタイプの人はそれを特にしばしば援助しながら、社会的で公益的な職業において見出される。

③強制観念（求心性―継続）

強制観念は彼の統制しうる行動、特にその正しい服装や言葉において表現される行動によって目立つ。彼は、大げさなくらいきちんとして、つつましく、清潔な、正確過ぎる、細かすぎる、完全主義で働く。彼は詳細なルールおよびリストで、満足の代わりに業績に従事する。彼は融通性がない。確かに強情、不安から何も手放さない。他人には十分には良くしない。彼はあまりにも慎重にそして綿密に計画するので、切り詰めた生活様式になる。不十分であることの感覚と彼の良心のとがめは、彼に決断すること、本質とそうでないものとを区分する難しさを与える。親として強迫観念は徹底して、厳格そのものであることと、逸脱しない原則をもっている。

ここで変化に対する不安を脚本が決める。変更は無常と不確実として経験される。無常に対する不安は、人が確かでありたいとするほど、ますます大きくなる。継続と安定性、信頼するに足ることそして反復への憧れは支配的である。何もかもできるだけ元のままにしておくであろう。

対話において、特に知識人であることや正当化することが姿を見せる。すなわち人は常に、ある可能な自己の責務の弁明や防衛に役立つ何らかの説明を告げてもらう。しばしば叙述は面倒で詳細を極めている。というのは何ものも放

9章　個性と作業行動　93

棄されえないからである。

　時間、金や秩序との関わりにおいては非常にまじめである、強迫行為が特に職業において、そこでは正確さが信頼に足ること、安全、精密さ、非合理的なことの排除が問題であり、ついに愛のとれたこと、真実、徹底的であることが前提であるからだ。すなわち官僚、法律家、精密科学者、分類学者、財務官僚などである。

　あなたの向かい側の人は、たとえ初めに監察のための詳細な基礎をたずさえ、これをその際、それが本質的であるにせよないにせよ、いくらかでも省くことなく粘り強く伝えるとはいえ、あなたはこのタイプのことを考えるべきだろう。

④ヒステリー患者（遠心性―変化）

　ヒステリーの個性は、直ちにそれによって、血色があらゆる点で画期的な出来事となることが期待される出会いに持ち込む。状況が妥当性の除去および非自由として経験されうる不安から、入れ替わることが演出される。それは勝手気ままに自由を求める。すべての新しいものを肯定し、それぞれの制限と窮屈であることを恐れる。すべての合法性や責任を負わされることは避けられる。それゆえこの人間は、あらゆる種類の法律に、金や時間との環境に、また老齢のように生物学的諸与性によって難しくして起こる。

　かれらは、自分をより強く、魅力的で、より成功したなどと見て取る他の人と同一視する。日常の出来事は、空虚を避けるために情動化される。

　媚態（こび）や大げさなことにより自己表現を決める。表面的な、不安定な情緒の際の誇張した感情はこの思考過程に伴う。

　彼らは暗示によってきわめて容易に影響される（緊張緩和の訓練の場合、彼らは常に最初の成果〔！〕を告げる）。体験に飢えており、つねに自己の作用と魅力で（外部の現象に誇張して取り組み）、没頭している。中心に立つことに努めていて、その場合には彼らが約束を守ろうとしないあるいはできない約束がされる。彼らは、しかし（現実に十分調べられないので）いつも新しい失望になってしまう希望と期待でいっぱいである。

　彼らには特にしばしば、限界と関係する不安（例えば広場恐怖、閉ざされた場所での不安、孤独に対する不安）を見出す。

　この個性構造は、特にしばしば不安定な混乱した環境（真正の指導あるいは真正

の方向可能性を欠いている)、あるいは表された強迫的な環境の中で起こる。特別の適性は、瞬時に弾力的な反応を必要とする職業や活動に存在する。個人的に作用を及ぼす適応能力、自己顕示の欲望および願望は、例えば広告部門や、若い流行部門および私的なラジオ放送局において実現される。

原則的なこと

図9-2では、点線で描かれた形において過度に、行動がそれによって強く支配されている基礎不安の一面的で際立った特徴が具体化されている。日常においてしばしば見つからない理想的特徴はいっぱい詰まった環のように、同様に接触、献身、変更および継続する能力を表すだろう。しばしば基本形態はしかし支配として認められる。

研修(Lehrsupervisionen)において個の類型の極端な形態は、管理者の統合化した成熟に相応してまれに登場する。相談所、患者病棟などにおけるチーム監督の場合、しかし不安の基本形態から非常に際立った形において決まる、より多くの個性が明らかになる。ある構造あるいは基本不安が、いかに支配的であるかは、いかに神経症であるか、またそれにかかっている。

実践の毎日において混合形態(図9-2参照)は、最も頻繁に見つかる。すなわち、それは2つの軸の間でいわば定住しておりそしてもっぱら基本形態に分類される。より複雑でも外向性や内向性のごときより広い考察の方法を併せてとることによって、より細かく分化することもできる。単純化のためにそれはここでは省かれるだろう。多くの女子・男子は、付加的に自己陶酔型のタイプを

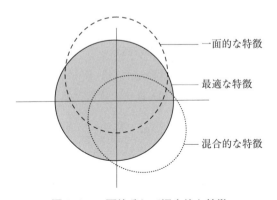

図9-2 一面的そして混合的な特徴

自己の基本形態としている。私は、すべての発展段階に対する自己陶酔型の損傷が行われうる、上記の基本形態がもっぱら相応して"染める"という見解である。

4. 女性・男性管理者*の個性構造

すでに前節で提示した基本形態から認められるように、それらは著しくわれわれの作業態度や協力態度に影響を持っている。もちろんこれらは同じように専門家たちの側でみつかる。各々の基本形態は、その利点や危険ないしは阻害を持っている。

> *女性・男性管理者—Supervisorinnen の訳　　Supervision の日本語訳は、EX-WORD によれば、患者と治療者の関係が理論的な筋道に沿っているかを知るための専門的・訓練的過程と、機関の仕事をする管理的過程を意味する。したがってスーパービジョンは、専門的な援助によって患者（従事者）の不安や緊張や危機感に対し、管理的・教育的・援助的機能の3つの側面から支持するもので、スーパーバイザーとスーパーバイジーとの相互作用で成り立つ。

1）女性・男性管理者の場合の統合失調質の個性構造

特質：多くの近いことに対する不安には距離を保つ。すばやい、大抵平均以上の直感的な関連の把握、心理学的天分

積極的結果：認識の高い正確さ、実りある緊張

消極的結果：あまりに大きく離れたまま。解釈と説明は情緒的距離から離れ、また場合によってはあまりに早くそして誤って決める。情緒的な到達不可能性や遠方の感情。あまりにも少ないパートナー

相手側（従業員／患者）に対する影響

統合失調質に：良好。大きな主知主義性に危険を感じる。きっと早く批判を述べる

抑うつ性の：ここで必要な情緒的暖かさが欠けている。彼の期待を満たし、また過大な要求をする等

強制的に：良好。彼の即物性に感心する。大きい主知主義性に危険を感じる。

ヒステリックに：彼の即物性の後ろに情緒的不確実性を感じる。その強い転

用準備をはねのけ、しかし彼には多くの支えと方向感覚がみられる。なぜなら彼の一貫性は決してくら替えを許さないから

2）女性・男性管理者の場合の抑うつ症の個性構造

特質：しばしば過大要求される

積極的結果：大きな感情移入の能力、思いやりをもって進んで援助の手を差し伸べることは忍耐を必要とする。何らの原則もない

消極的結果：独創的な距離の喪失。厳格な指導が重要だとする。ちやほやすることは危険。好きなようにさせること、そして後の要求の危険性。あまりに役に押し込められるな。遅く来ることで罪になる反応は、自分で誤りを探す。会議の時間的引き延ばし？

相手側（従業員／患者）に対する影響

統合失調質に：まず自分に向けられていると感じ、しかしやがてその負荷能力を疑う。管理者の過大な評価の用意を甘受し理解することは、罪悪感を阻止し、つくる

抑うつ性の：持ち上げられたと思い、それゆえたやすく引っ込み思案でなくなる。しかし彼らの側でも管理者を大事にする。甘やかしている態度によって実りのない刺激を得て、そしてあまりに長く遅ればせにやり残したことを果たす。感謝の意を示す自己の要求を遮断する

強制的に：慎重さによって尋ねられたと思い、しかしその批判や攻撃は緩めるのは難しいだろう。なぜなら管理者は献身的であり私心がないからである

ヒステリックに：しばしばごう慢に反応するそして用心深いことを存分に利用する

3）女性・男性管理者の場合の強迫観念の個性構造

特質：厳しい原則、規則および対策によって、完璧主義（間に合わせ、記録、アンケート調査、時間ごとの記録）を好んで守る。おびただしく際立った超自我。新しい物事にあえて何もしないし、また危険を冒さない。ここまでの教条主義者はすべての学校にいる。諸問題に対する決断。粘り気のある固執性

積極的結果：しばしば発生は卓越して説明される

消極的結果：従業員／患者に好んで反抗し、彼らを再度強化した"滑らかな技術"によって働きかける。作業はしばしばお決まりの規則に従って始める。終わりに高い要求。謝礼と時間は重要な役割を演じる。しばしばあまりに長く否定的に攻撃的・破壊的な側面で作業する

相手側（従業員／患者）に対する影響

統合失調質に：ここで過大に評価される紹介を展開し、異常な心理状態の危険にさらされ、このように厳密に把握されることが"行動にとられる"不安

抑うつ症に：その信頼するに足ることを評価する。しかしその超自我の関与から好んで彼に対して当てはめる。そして引っ込み思案でなくなる。事実に基づいた距離のため思い切ってしない

強制的に：事実に基づいていることや徹底的であることでの自己の欲求の際、よく持ち上げられそして自分に向けられている感じがある

ヒステリックに：容易に肩に押しつけられると感じる。しかし大抵どっちみち管理者のシステムにぴったりはめ込まない

4）女性・男性管理者の場合のヒステリーの個性構造

特質：わずかに際立った超自我。生きていることおよび自発性を持ち出し、自信に満ちて伝統から逸脱する。自分あるいは彼の方法を何ら批判したくない

積極的結果：軽くいくらかの議論を引き起こしそして主導する。作業過程において駆り立てながらのうわべだけの振る舞い

消極的結果：衝動的であることへの危険、幻滅の反応。進歩が弱まると彼の関心が衰える。好んで療法士あるいは管理者交代を勧める。容易に相手に彼の自発性によって過大に要求する。事前の話し合いと本来の過程との境界はわずかしかない。個人的に反応するのはあまりに遅い

相手側（従業員／患者）への影響

統合失調質に：ヒステリー症の者は統合失調質の者の厳しい批判に耐えられない。管理者はしばしば彼らに対してあまりに情緒的で十分に冷静ではな

い

抑うつ症に：生きている心づかいにまず積極的に反応する。しかし容易に
　誤っているとみえて過大に要求される。拒絶するという感情と、要求を十
　分にはなしえない感情とを持つ

強制的な：安全への欲求はわずかしか満たされず手に入れられない。ここで
　管理者に欠けているのは徹底的な細かい作業のための長い休息であり、そ
　して彼はこのクライアントをしばしば退屈と感じている

ヒステリー症に：このような人間が彼にこの上なくおかれている。患者／管
　理者たちはまず管理者のスタイルに感激するが、しかしそれからダメージ
　の失望の中で反応する（魔法の弟子）

5. 個性形態の形成

1）自分をつくる個性構造

心に留める管理者の指導

　本章3節1）で述べたように、不安の基本形態は座標系によって2つの原理
が対立する。組織のメンバーにとって構造変化にどのように対応したらよいの
か。管理者の不安の基本構造に、彼らの言動から、個人構造にそれらの存在が
認められるなら、それらを包括的に反映させ、そしてコミュニケーション段階
での交代を試みる。それによって対立する作用の中で多くの力を己の個性構造
に受け取り、強さ、頻度、および協調化の中で、基本構造に少ない不安が引き
渡される。それらはその時々の防衛活動から結果として生じている。部下の体
質性から導き出されるあるいは個性研究からの個性構造の影響が彼によって作
業および協働行動の相互作用の過程によく反映される。

　それらは著しくわれわれの作業態度や協力態度に影響を持っている。もちろ
ん同じように専門家たちの側に見つかる。各々基本形態は、ここでもその利点
や危険な意思は阻害される可能性を持っている。相互作用の複雑性が明らかに
なり、あまりに扱いにくく相互作用の型に絡まるので、管理者の側でふさわし
い反省資質が必要である。各々はその際いくらか異なる性質の難しさを持つ。
しかしこれらは克服しえなくはない。というのは各々の形態は、再び他人の鍵

9章　個性と作業行動　　99

を、これが利用されることを前提に持ち合わせているからである。各々の形態は、手入れをするために向けられる特別の贈り物や強さをもっている。

　ほとんどいつも管理者は、その不安や特に愛好することをみずから捉えることを学ぶ（必要の場合には自己の研修を通して）。そして作業過程への作用においてあらためて命名することが必要である。確かに、自己の限界によって働きまたこれを、同時に対象者に特に近づくことなく、用心深く中に入れることには、ある訓練と専門的アイデンティティ、強さを必要とする。

　障害を待ち受けて見張ることを再三再四推薦する。障害を求めるためではない。それを全くまず辞めさせるためではないのである。それらが存在するならば優位にある。それは、包括的に反映し、コミュニケーション段階の移り変わりを試みることのみ意味しうる。上で提示した個性形態は、杖となった管理者過程を反映するのに非常に役立ちうる。

　いかなる場合にも、思いやりのない、たとえこれがすぐに応じられないにしても、自分自身の個性構造についての問題を提示するに値する。ほとんど未解決の、答えられない問題は広範に証拠隠滅から守る。しばしばすでに自分に自身で設定した問題によってメタ段階に達しておりまた省察への広い空間を獲得する。

　たとえ一つの類型学がつねに一つの境界を伴うにしても、類型化は経済的であるばかりでない。あなたはまた自己省察のための出発点にいることができる。私はもともと誰であり、そしていかなる者か？　私の基本不安と限界は、いかなるものでどこにあるのか？　私にとって特に何があるのか？　いついかなる状況でも、私は本物として自分の個性構造によって反応し、何が私に立ちはだかっているか？

2）自分はどこにいる
（1）燃え尽き、抑うつそしてストレスに侵された心[10)]

　燃え尽き症候群は、何らの"流行診断"ではなく、まず受けた障害があり、その最初の出発点が職場での状況である。燃え尽き症候群は目下議論されている。一面、その存在は否定される。"流行診断"により燃え尽きで悩んでいると主張する者は、現にある抑うつをもっている。精神医学的視点から何らの憂う

つを持っていないすべてのものは、しかし職場でそれにもかかわらず健康的に順調にいるとは思えない。だから仮病を使う人に加えられるに違いない。他面、有為でそれでも配慮してそれを指摘される、人は燃え尽き症候群をまじめに受け取らねばならないと。

燃え尽き対抑うつ—相違と交差[11]

精神医学上の診断は、理念的にその折々の原因、その神経生物学的相関概念、その症候群、またはその進行に従って互いに区別される典型的な障害形成を記述する。一つの重い抑うつ（主要なうつの病気）は、少なくとも２週間を超えて、うつの不機嫌あるいは関心不足と付加的に少なくとも次の症状の４つ、すなわち、[明白な体重減あるいは体重の増加、眠れないことあるいは明らかに増加した睡眠、精神運動性（表情自動、口部自動、身振り、歩行に意識障害を伴う）の不安あるいは速度を落とすこと（しばしば双方が一緒に現れる）、疲労、価値のないことあるいは責任の感情、減少した精神的な業績能力および死への考え]が存在しているなら、そのとき取り決め通りに重いうつの病はある。閾下の抑うつ（次位の抑うつ）として重要な抑うつ的症候が、ある重い抑うつの基準が十分に満たすことなくつけられる。それによってうつが悲しみから区別される。ひとつの重要な抑うつの基準は、自己価値観の消失である。

一つの抑うつにとってすでに与えられた診断基準の記述から、それが抑うつ的な障害形成と燃え尽き症候群の間でなるほど交差するが、しかしまた明白な相違のあることがはっきりする。一つの燃え尽き症候群の特徴に対して、抑うつと関連して現れる症状は、定義に従って研究文脈に依存しない。

しかし特徴自体の場合にも本質的な相違はある。義務感、自己価値消失そして生活飽き飽きは抑うつの典型的指標である。しかし何らの典型的な燃え尽きの特徴はない。逆に顧客あるいは依頼人に対する冷笑的な態度、固有の労働に対する一つの反感あるいは情緒的に経験した心に中の違いがあることが燃え尽き症候群の典型的特徴である。しかし一つの抑うつの指標ではない（それどころか、そのうえ重い抑うつがしばしばいわれる。抑うつは例えば診療所に留まることはないだろう。なぜなら抑うつは職場であるいは家庭で差し迫って入用されるだろう）。双方の障害イメージ、すなわち相互に結合しているものは情緒的な疲労困憊の感情である。だから、続いて取り上げられるだろう。そして燃え尽きと抑うつの間の関

連を狙って分析した研究が、双方から共通のものや分離しているものを見出すことは驚きではない。

　方法的に優れて作られた、3200人以上の従業員を対象とした調査は、重い、十分に現れた燃え尽き症候群が指摘される職業についている者のうち、60％が何ら重い抑うつはないことを示した。ただあまり多くなく現れた燃え尽きを持つ従業員の場合、そのうちの重い抑うつのない者の割合は91％に上る。逆にもちろん重い燃え尽き症候群が指摘されたうちの40％は、常に重い抑うつをもっていた。労働ストレス間の関連が、燃え尽きおよび抑うつをいかに現しているか、より広い研究において解明されることができた。これは、数千の職業についている者に、経験した労働ストレスについて、燃え尽き症候群の発生そして抑うつの発生を調査した中で達成した。

　("強要統制" モデルによる) 高い労働ストレスを持つ職業に従事する者は、もっぱらわずかしかストレスを持たない職業活動者に比較して、燃え尽き症候群を発症させる高い労働ストレス (7倍) にまで高められたリスクを持つ。燃え尽き症候群を発生させた従業員の場合、抑うつを発生させるリスクは2倍より多く高められる。燃え尽き症候群を発生させる、高い労働リスクの下で成立する職業に就いている者にとってのリスクは、明らかに重いあるいは潜在意識の抑うつに病むことよりも高かった。

　これは、①労働ストレスは、高い蓋然性によって燃え尽き症候群に導く。②一つの燃え尽き症候群は、必然的ではなく一つの抑うつ (きっと全く必然的でなく一つの重い抑うつ) を意味する。③燃え尽き症候群は、労働ストレスから抑うつへの一つの通過駅でありうる (しかし必ず通過しなければならないわけではない)。

　抑うつは、われわれの産業社会において最も重要な結果を伴う疾病の一つであり、またそこにとどまっている。世界保健機関 (WHO) は、抑うつ的障害がすでに2020年に、予想より早く死亡あるいは障害 (＝労働不能) に責任を有する病気の首位にいるだろう、とする。ドイツの人口の8％以上が1年のうちに重い抑うつに関係する。職業に就いている者の場合の割合は6.5％である (その場合失業者は、職業活動者よりも抑うつに病む大きなリスクを有する)。ある重い抑うつに関係されるのではなく、他の抑うつの形態に見舞われる職業活動者の割合は、16〜26％である。

抑うつの疾病は、環状血管の心臓疾患の発生や心筋梗塞にとってより重要な、最後の年においてはじめて識別されるリスク要素である。抑うつ的疾病は何ら遺伝的に決定された運命にあるのではなく、経験されるストレスときわめて狭い関係において発生する。

　論争しえないのは労働界である。たとえ唯一ではないにしろ、それどころか一つの本質的なストレス源である。労働に制約された負担および精神的な疾病の間の関連の研究の領域においてドイツの遅れを取り戻す必要が存立することの事実は、いずれにせよ数十年来研究された燃え尽き症候群に対する分別しない問題によって弁償される。

燃え尽き症候群　3つの典型的な特徴
持続的な情緒的な疲労困憊
克服されえない、人が職業的に活動する以前は手元にない 人間に対する情緒的な嫌悪あるいは冷笑的態度（サービス給付職業）、あるいは克服できない、以前は手元になく目下実行している労働に対する内的矛盾（非サービス給付労働）
職場での効率喪失（長時間労働にもかかわらずわずかな給付）

抑うつ　3つの典型的な特徴
普通の生活の喜び、動機づけおよび刺激の継続的な喪失
自己避難あるいは責任感とともに自己価値観の継続的な一般的喪失
自己殺害思考

燃え尽きに対する企業者の予防　6つの領域に注意を払う（マスラッハとコール、2001）
労働量（作業総量）：決してフルに働かせない。回復不可能にさせない。顧客/依頼人/患者との個人的な付き合いは、骨の折れる情緒的労働を意味する
構成可能性と活動の余地（統制）：彼や彼女自身が最善を維持するその仕方での労働を行う可能性。労働速度への影響可能性。何ら窮屈にされない詳細規定
称えること（報酬）：金銭的な報酬の妥当性。行った労働に対するフィードバック経由での上司や仲間からの社会的称賛
労働気風と同僚のよしみ（コミュニティ）：良い同僚の関係。意見の交換/会話に対する適切な可能性。良いコンフリクトの交わり
正義（公正）：労働の正しい配分。同一労働のための同一賃金と同一価値評価。決して陰謀なし。個人個人に決してえこひいきはしない
価値の考慮（値打ち）：給付される労働について道徳的に代替しうること。生産様式や生産物が倫理的に代替しうること。従業員、顧客/代理人に対して何ら無理をすすめずあるいは偽ってしてもらうことは決してしない

9章　個性と作業行動　103

(2) 圧力の中での就業者「ストレスレポート　ドイツ2012」[12]

　その今日的意義にとって強い印象を与えている、目下のドイツにおける職場の状況の展望について、2013年末に労働者保護と労働医学ドイツ連邦行政機関によって編集された「ストレスレポート　ドイツ2012」に、その重要な成果が紹介されている。

　この包括的・代表的な調査は、2011年の終わりから2012年の初めにかけて、連邦全体で2万人以上の職業従事者に質問が実施された。「ストレスレポート」の分析に取り入れられたのは、もっぱら依存した就業関係の状態にある（したがって自営業者や自由業者は含まれない）1万7500人以上の個人であった。質問をされた者の54％は男性で、調査対象者の平均年齢は42歳であった。

　（就業に係る）全日就業者の平均的な1週間の事実上の労働時間は、この調査の結果ドイツにおいて週43時間である（パート従事者を含めると、事実上の平均労働時間は週38.3時間である）。全日就業者の30％は週48時間まで働く。全日従業者の16％が規則的に週48時間以上働く（交通体系ではこの割合は25％、管理者の場合20％、建設業ならびに情報伝達領域はいつも19％、教員17％である）。規則的な土曜労働は64％が、日曜および祭日労働はすべての就業関係にある者の38％が行う（接客業や保健衛生領域での職業従事者）。規則的な交代制労働は13％、夜間労働は把握された抜き取り検査で7％である。使用者にとっての規則的な招へい準備において18％が依存した就業者にいる。調査された人口の12％が単に期限つきの労働契約を持っていた。

　「職場で最も頻度の多い負担になっていること」という質問に対し従業員からあげられた回答は、様々な労働が同時に済まされること（多数作業、当該者の58％）、より強い期限そして給付圧力（52％）、絶えず繰り返される労働経過（単純さ、50％）、労働の際の妨害および中断（断片的にする、44％）、非常に速い作業テンポ（39％）、そして繰り返される新しい課題との対決（39％）。

　挙げられた負担要素の頻度の意義において関与されていた％数が、その都度の要因によって事実にも強く負担されたと感じられたその％数と一致しなかったことに関心がある。最も強く負担されたと就業者が感じるのは、強い期限および給付圧力（34％）、労働の際の恒常的な妨害や中断（26％）、非常に速い労働への強制（19％）によって、様々な任務を同時に片づけねばならない（18％）で

あり、その必然性に就業者は従わされている。指導者はその女性協働者や協働者と比較して多数仕事をする、強い期限および給付圧力ならびにその労働の断片化によってより強く関与され、単純さはそれに対して、特に部下に該当する。

その経営の最近2年では「組織を変えること」にすべての従業員のうちの42％が挙げた。関与されていた者は、ここで特に産業経営と公共的職務が、大経営ないし諸制度に対しての一つの核心とともにあった。組織を変えることは同時の出向社員あるいは自由な協働者にとっての職位の増加の場合42％（組織を変えることに係った場合は46％）の職位整理と結合された。さらなる組織変更の結果は、「ストレスレポート」の分析のように、一般的な期限や給付圧力、増加した多数の仕事をする、労働の際に増加した妨害や中断、特に重要なのは増加した疲労困憊の出現であった。被用者はこの圧力にしばしば何ら反対できない。職場で労働量に何ら影響のないのは依存している従事者の68％で、44％はもし中休みが挿入され得る場合、それへの影響はないとした。33％は彼らの労働にどんな方法でも割り振りできないとし、30％は労働のテンポに何らの影響を持たないとした。

最近2年では、職場での労働圧迫やストレスの増加についてドイツのすべての従業員の43％が不満を訴えている（指導者の場合のそれは48％である）。すべての職業活動者に係っている者の19％は、彼らによってなされる労働の量によって完全に過大な要求と感じている。ドイツにおける職業従事者のぎりぎり70％が、その運動器械の領域（特に首筋と背中の筋肉痛ならびに関節痛）における苦痛で悩んでいる。57％は精神面での苦痛（特に疲労、疲労困憊、睡眠障害、イライラした状態）で悩んでいる。就業に係っているすべての職業従事者の17％が身体的そして情緒的に完全に疲れ果てたとしている。14％は決定的に悪い健康の一般状態について報告している。すべての従業員の21％が、もしいやしくも彼らに可能であれば、もし自己の評価に従い彼らがもともと病気に制約されて労働できないなら、その時にも労働のために出てくる、"出席主義"といわれる現象である（従業員の16％は時折の"欠席主義"によって輝く。すなわち彼らは時折、病気ではないのに、いつしか病気と書かされる）。

労働生活で特に負担の大きさがより多く測定されたのは、交通や補給領域、建設業、工業、保健衛生や社会福祉領域、教育やレッスンならびに情報やコ

ミュニケーションの領域の従業員であった。「ストレスレポート」の枠内において実施された分析がいかに示したかは、挙げられた保健衛生的な負担が"客観的に"、すでに上にあげられた労働条件（労働量、時間圧力、多数課業、断片化、自己労働の形成にない影響可能性等）の結果ばかりでなく、重要な仕方で職場での気風とも関連している。すべての従業員の 20 ％が同僚としての友情を示す援助を決して体験しない。彼の上司からは尊重されないあるいは援助されないと思う者（これはすべての従業員の 41 ％）は、―援助をその上司の側から経験する被用者に比較して―何倍かの身体的および精神的自律神経の苦しみを持つ。

　労働執行の高い負荷、時期を早める、労働の慌ただしさ、わずかな企画可能性そして小間切れは、多くの職場での状況を性格づける。それは人が病になりうる原因のすべてではないが、大抵の人は職場と関係せねばならない。もちろん、職場を従業員の健康荷重にとっての重要な影響要因として次第に小さくする試みは、現実性を誤認する。ここで示した状況ばかりでなく、10 章で示される疾病による労働に制約されたストレス要因の高い相関関係、そこではストレスに制約された要因は科学的に証明された役割をする―そのもとでうつによる症状、心臓および循環器疾患ならびに慢性的な背中の痛み―が、労働状況が健康に対して著しい影響があることを支持する。特に強いそのための一つの指摘は、結局強く高まった心的な障害の割合が、早期年金受給にとっての原因として存在することである。

（3）過労死「Karoshi」等の中での就業者―「ストレスレポート」「平成 28・29・30 年版　過労死等防止対策白書」

　わが国の経営組織の実情として、企業において働く者、従業員、協働者は一切存在しない。会社からの命令に従い、口を出さず、ただひたすら上司の指令に与えられた任務を忠実に実行するだけであり、自分自身の精神的な身体的な状況（生体の身体的、情緒的、生理学的なゆがみ）について考える余裕などはない。

　一つの共通の目標を追求するリーダーは、メンバーに影響力を行使しながら、ある共通の情緒、態度および価値を保有し、グループで活動し、相互の一体感と認知の感情をもち、頻繁に対面接触を維持しながら、共通の目標を追求する身体にやさしい経営をする。これとは逆に無知な管理者によるいじめ、嫌がらせによって身体に負荷を負わせる経営がある。一方大手企業の協力企業、グ

表 9-1　精神障害の出来事別決定および支給決定件数

(件)

出来事の類型	具体的な出来事	2017 年度 決定件数	うち自殺	うち支給決定件数	うち自殺
1　事故や災害の体験	（重度の）病気やケガをした	86（39）	4（0）	26（5）	2（0）
	悲惨な事故や災害の体験、目撃をした	99（51）	1（0）	63（32）	1（0）
2　仕事の失敗、過重な責任の発生等	業務に関連し、重大な人身事故、重大事故を起こした	10（2）	0（0）	6（1）	0（0）
	会社の経営に影響するなどの重大な仕事上のミスをした	24（4）	11（0）	8（1）	6（0）
	会社で起きた事故、事件について、責任を問われた	5（2）	0（0）	1（0）	0（0）
	自分の関係する仕事で多額の損失等が生じた	2（0）	1（0）	0（0）	0（0）
	業務に関連し、違法行為を強要された	12（7）	0（0）	3（1）	0（0）
	達成困難なノルマが課された	13（4）	4（0）	1（0）	1（0）
	ノルマが達成できなかった	10（4）	2（1）	2（1）	0（0）
	新規事業の担当になった、会社の建て直しの担当になった	8（3）	3（0）	5（2）	3（0）
	顧客や取引先から無理な注文を受けた	6（1）	3（1）	2（1）	2（1）
	顧客や取引先からクレームを受けた	34（15）	4（1）	4（1）	1（0）
	大きな説明会や公式の場での発表を強いられた	0（0）	0（0）	0（0）	0（0）
	上司が不在になることにより、その代行を任された	1（0）	1（0）	0（0）	0（0）
3　仕事の量・質	仕事内容・仕事量の（大きな）変化を生じさせる出来事があった	185（54）	46（2）	64（13）	21（1）
	1か月に80時間以上の時間外労働を行った	61（5）	15（0）	41（4）	10（0）
	2週間以上にわたって連続勤務を行った	71（8）	22（0）	48（6）	11（0）

9章　個性と作業行動　107

	勤務形態に変化があった	3（ 2）	0（ 0）	1（ 0）	0（0）
	仕事のペース、活動の変化があった	2（ 1）	1（ 0）	0（ 0）	0（0）
4 役割・地位の変化等	退職を強要された	34（ 20）	2（ 0）	5（ 2）	1（0）
	配置転換があった	67（ 23）	12（ 0）	11（ 1）	5（0）
	転勤をした	11（ 3）	5（ 0）	3（ 0）	3（0）
	複数名で担当していた業務を1人で担当するようになった	5（ 2）	0（ 0）	0（ 0）	0（0）
	非正規社員であるとの理由等により、仕事上の差別、不利益取扱いを受けた	3（ 1）	0（ 0）	0（ 0）	0（0）
	自分の昇格・昇進があった	5（ 1）	1（ 0）	1（ 0）	0（0）
	部下が減った	2（ 0）	1（ 0）	1（ 0）	1（0）
	早期退職制度の対象となった	0（ 0）	0（ 0）	0（ 0）	0（0）
	非正規社員である自分の契約満了が迫った	0（ 0）	0（ 0）	0（ 0）	0（0）
5 対人関係	（ひどい）嫌がらせ、いじめ、又は暴行を受けた	186（ 65）	17（ 1）	88（ 25）	12（1）
	上司とのトラブルがあった	320（140）	20（ 3）	22（ 8）	4（0）
	同僚とのトラブルがあった	67（ 38）	2（ 0）	1（ 0）	0（0）
	部下とのトラブルがあった	2（ 0）	1（ 0）	0（ 0）	0（0）
	理解してくれていた人の異動があった	3（ 2）	0（ 0）	1（ 1）	0（0）
	上司が替わった	2（ 0）	1（ 0）	0（ 0）	0（0）
	同僚等の昇進・昇格があり、昇進で先を越された	3（ 0）	0（ 0）	0（ 0）	0（0）
6 セクシュアルハラスメント	セクシュアルハラスメントを受けた	64（ 61）	0（ 0）	35（ 35）	0（0）
7 特別な出来事 注2		63（ 20）	14（ 1）	63（ 20）	14（1）
8 その他 注3		76（ 27）	14（ 4）	0（ 0）	0（0）
合計		1,545（605）	208（14）	506（160）	98（4）

資料出所）厚生労働省「平成 29 年度過労死等の労災補償状況」

注）1.「具体的な出来事」は、2011 年 12 月 26 日付け基発 1226 第 1 号「心理的負荷による精神障害の認定基準について」別表 1 による。

2.「特別な出来事」は、心理的負荷が極度のもの等の件数である。

3.「その他」は、評価の対象となる出来事が認められなかったもの等の件数である。

4. 自殺は、未遂を含む件数である。

5. （ ）内は女性の件数で、内数である。

出典）厚生労働省「平成 30 年版　過労死等防止対策白書」54 頁。

ループ企業など、いわゆる下請け企業として、仕事を請け負いながら過酷な労働条件のもと早期の仕事の完遂と、みずからの兼業や副業など個人的な事情を含めながらも収益性中心の中で、わが国では多くの従業員が活動している（3章5節2）雇用の多様化）。しかも、雇用に関する労働者の身分を保証する社会制度としての法的規制のないわが国だけに、精神的、身体的に休める支えには全く乏しいのが現状である。自らの体を調節しつつ経営環境に敏感に応答する生体としての人間は、無知な管理者によって強引に身体に負荷を負わせる職務中心の個人的、状況関連的な精神的危機、心身的疾患に、いやおうなしに個人の生命や存在を脅かされている。過労死に導くわが国特殊な実情がある。

精神障害を引き起こし、過労死（「Karoshi」）等につながるわが国の過酷な労働、その労働は経営のいかなる領域で具体的に就業者に与えられていたか。具体的な出来事を厚生労働省のデータ（表9-1）から、「過労死等」につながる経営組織の管理、人事・労務以外の職務要因に就業者が対応したことを確かめる。企業経営において生じた、精神障害の出来事が決定されるほどの具体的発生原因を見ると、管理者の過酷な指示の下、就業者の活動がなされていることがわかる。

業務における強い心理的負荷による精神障害を発病したとする労災請求件数は、増加傾向にあり、2017年度は1732件で、前年度比146件の増加、労災支給決定（認定）件数は2012年度以降は400件台で推移していたが、2017年度は506件（内未遂を含む自殺98件）で、前年度比8件の増加となっている（図9-3、図9-4）。

精神障害を惹起させた職場の出来事（表9-1参照）によって、就業者が日常の就労における作業の中で、不安からの個人構造が形成される。自らの個人構造は職場の不安を受け取る個人の頻度、地位の高さ、難しさ、などにより、個人の防衛活力によって形成され、それぞれ作業と協働行動に対する個性構造が与えられる（本章3節）。

厚生労働省は、2016年10月7日、「過労死等防止対策白書」を初めてまとめた。「過労死ライン」とされる、月80時間を超えて残業した正社員がいる企業が2割を超えると指摘。業務での疲れやいじめなど仕事が一因となった自殺は2015年に2159人を数え、年間2000人を超える状況が続く。

過激な労働などで心に病を抱く人も多い。仕事での強い心理的負荷で精神障

9章　個性と作業行動　109

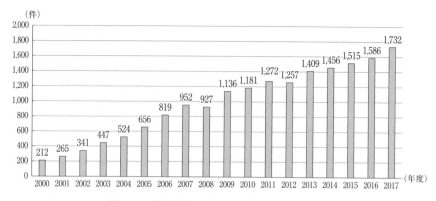

図 9-3　精神障害に係る労災請求件数の推移

資料出所）厚生労働省「過労死等の労災補償状況」。
出典）厚生労働省「平成 30 年版　過労死等防止対策白書」45 頁。

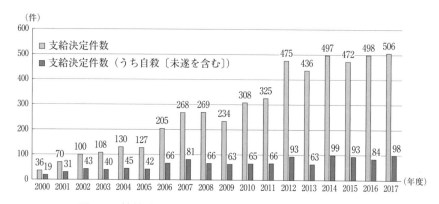

図 9-4　精神障害に係る労災支給決定（認定）件数の推移

資料出所）厚生労働省「過労死等の労災補償状況」。
注）労災支給決定（認定）件数は、当該年度内に「業務上」と認定した件数で、当該年度以前に請求があったものを含む。
出典）図 9-3 と同じ。

害を起こしたことによる労災請求件数は増え続け、2015 年度は 1515 件と過去最多だった。

　自殺は心の問題を抱えた末の強制された死であるから、その対策は様々である。自分の好みに合った身体の処置、時の過ごし方を見出すために、生体の刺激・反応を自分で自律神経の調節を考慮し、自分自身をうつ病などの病気にし

表 9-2　2017 年度精神障害の労災請求件数の多い業種（中分類の上位 15 業種）

（件）

	業種（大分類）	業種（中分類）	請求件数
1	医療、福祉	社会保険・社会福祉・介護事業	174 (127) 〈 9 (3)〉
2	医療、福祉	医療業	139 (101) 〈 7 (2)〉
3	運輸業、郵便業	道路貨物運送業	84 (13) 〈 9 (0)〉
4	情報通信業	情報サービス業	69 (19) 〈 7 (0)〉
5	建設業	総合工事業	65 (9) 〈 17 (0)〉
6	製造業	輸送用機械器具製造業	56 (12) 〈 6 (0)〉
7	製造業	食料品製造業	50 (17) 〈 6 (0)〉
7	卸売業、小売業	その他の小売業	50 (22) 〈 5 (0)〉
7	宿泊業、飲食サービス業	飲食店	50 (24) 〈 8 (0)〉
10	サービス業（他に分類されないもの）	その他の事業サービス業	49 (16) 〈 4 (0)〉
11	卸売業、小売業	各種商品小売業	47 (30) 〈 3 (1)〉
12	卸売業、小売業	機械器具小売業	34 (4) 〈 8 (0)〉
13	建設業	設備工事業	33 (1) 〈12 (0)〉
14	運輸業、郵便業	道路旅客運送業	32 (2) 〈 5 (0)〉
15	学術研究、専門・技術サービス業	専門サービス業 （他に分類されないもの）	31 (18) 〈 4 (0)〉

資料出所）厚生労働省「平成 29 年度過労死等の労災補償状況」。
注）1. 業種については、「日本標準産業分類」により分類している。
　　2.（　）内女性の件数で、内数である。
　　3.〈　〉内は自殺（未遂を含む）の件数で、内数である。
出典）厚生労働省「平成 30 年版　過労死等防止対策白書」47 頁。

ないように、交感神経、副交感神経の互いの活動の支配をコントロールしながら、自分に見合った生き方、労働の生活を見つけ出す。それが本書の目的である。

「平成 28 年版　過労死等防止対策白書」は過労死等防止対策推進法に基づく初めての報告であり、長時間労働の慣行を断ち切る視点の元になる。

労働者（フルタイム正社員）調査によれば、過去半年間に、過労や過剰ストレスによって、脳血管疾患や心疾患、精神障害等の発症や悪化の不安を感じたことがあるかを尋ねたところ、「いずれも不安を感じたことはない」が 76.8 ％と 4 分の 3 以上を占めたが、「精神障害（メンタルヘルス不調）の発症・悪化の不安を感じたことがある」が 15.3 ％を占め、さらに、「心疾患の発症・悪化の不安を感じたことがある」が 6.3 ％「脳血管疾患の発症・悪化の不安を感じたことがある」が 5.3 ％となっている。

これらの疾患の発症や悪化の不安を感じた理由については、「仕事で精神的な緊張・ストレスが続くため」が 57.3 ％、「職場の人間関係に関する悩みがあるため」が 42.7 ％、「長時間労働や残業が多いため」が 30.8 ％「休日・休暇が少ないため」が 23.5 ％となっている。また、「経済的な悩みがあるため」（22.7 ％）、「家庭で悩み・問題があるため（介護や育児の負担以外）」（17.5 ％）を挙げる回答もある（厚生労働省「平成 28 年版　過労死等防止対策白書」）。

【注】

1）『ステッドマン医学大辞典（改訂第 6 版）』2008 年、544-545 頁。
2）師田昇・福島弁造・太田孝夫編著『基礎生理学講義』八千代出版、1991 年、231 頁。
3）中島弘子「心身症治療の基本」中島弘子編著、筒井未春監修『心身症と心理療法』新興医学出版社、2002 年、3 頁。
4）同上。
5）同上。
6）山田和男監修『心の病気と薬がよくわかる本』主婦と生活社、2002 年、26 頁。
7）高野健人・伊藤洋子・河原和夫・川本俊弘・城戸照彦・中谷陽二・中山健夫・本橋豊編集『社会医学事典』朝倉書房、2002 年、240-241 頁。
8）「うつ病の治療にはメンタルヘルスの専門家があたることが多いが、実はうつ病は心の病ではない。どういう事かというと、この病気の第一の原因は精神

的・心理的な部分にあるのではないということである。むしろ、これは身体的な病気であって、その一部が精神的・心理的な症状としてあらわれてくるといったほうがいい」大野裕監訳、岩波彰訳『「うつ」と「躁」の教科書』紀伊國屋書店、2005年、11頁（Brian P. Quinn, *THE DEPRESSION SOURCEBOOK*）。

9) Horst Obleser, Winnenden, Persönlichkeit und Arbeitsverhalten, Auswirkungen unterschiedlicher Persönlichkeitsstrukturen auf das Arbeits- und Kooperationsverhalten.; Schumitz-Buhl(Hrsg.), *Coaching und Supervision: Kompetenzen und Nutzen-Synergien Fördern*, S. 129-135.

10) Bauer, *ARBEIT,* S. 83.

11) Ebenda, S. 107-112.

12) Ebenda, S. 77-82.

10章

ストレス概念と身体的精神的症状

1. 生理的概念

生物学的視界からストレス概念を考えると、変化しつつも安定した定常的状態を意味するホメオスタシスから逸脱した精神物理的な状態と考えられる。すでに1865年に、科学的医学のバイブルといわれる実験医学研究入門書において、内部環境の概念を作り出したフランス生理学者ベルナード・クラウデ（Bernard Claude, 1818-1878）は、組織は恒常的な内部環境を維持すること、すなわち生体が外部環境の変化に対応して細胞活動の安定を達成していると考えた。生体の内部には内部環境をいつも一定の状態に保ち、もしそのバランスが崩れたら、元に戻そうとする自己調節の機能が備わっている。またアメリカの生理学者キャノン（Walter Bradford Cannon, 1871-1945）は、「生体が環境への適応や生命維持のために営む動的な平衡状態」をホメオスタシスと名づけた。

すべての生きているシステムがオープンであることにより、生体の内的秩序はその外界の変化によって故障を起こしやすくなる。環境とのエネルギー交換において、生体は永続的な適応プロセスによって生理学的システムの基準値を保とうとする。これは活動範囲の形において内分泌および自律神経の制御事象によって行われ、そこでは現在値が常に基準値と比較され、そして基準値から逸脱する場合には、適切なシステム変更によって調整される。

神経内分泌が調節過程の時間的継続によって引き起こされると、現在値の基準値からの逸脱は、あるいくらかの動揺の幅のうちで許容される。したがって、そこで絶え間なく基準値の周りを揺れている起伏バランスが問題となる。このホメオスタティックな自己調節は、外部の生活諸条件が広範に一定にとどまり、ないしは生体が広範に変わっていない生活環境の状態にあるかぎり機能する。

現在の基準との大きな不一致は、環境の中で強力かつ突発的な、あるいは新種の障害によって引き起こされるか、あるいは生体みずから新しい刺激環境（好奇心の強い態度）の訪れが積極的にやってくるか、意のままにできる決まりきった型どおりの反応によっても相殺されえない。もしそれが生じるならば、非特異性の"緊急反応"の活動化（闘争準備態勢を整えるために副腎からアドレナリンが分泌される）に陥る（Cannon, 1929）。これはストレス反応といわれる。すなわち、ホメオスタシスからの逸脱を生じさせる刺激をストレッサーと呼ぶ。進化生物学的視点においてストレス反応の発展は特に、動くことのできる、またそれによって、その環境を変える状態にあったような生物のために生存の利益を表した。予想していなかった状況の場合、拒否した硬直した行動プログラム（本能）を持つ生物と異なり、ストレス反応は非特異性の行動化プログラムとして、様々な危険状態の柔軟な克服を可能にする。

1）身体のストレス症状[1]

身体的ストレス症状は、多数の神経体液性および自律神経の生理学的プロセスを含む。それらはすべて身体的活動化およびエネルギー動員に導く。今日現代のストレス研究の父と思われている、オーストリア系カナダ人の医学者・生化学者のハンス・セリエは、身体的ストレス反応を体系的に調査した最初の人であった。彼はこれを汎適応症候群*と呼んだ（AAS。セリエ、1936、1981）。

> ＊これは物理的あるいは心理的ストレスに長期暴露されることにより生じる、生体の様々な器官（特に下垂体ホルモン系）における著名な生理学的変化を説明する概念である。汎適応症候群は、警告反応期、抵抗期、疲弊期からなり、以上3期にわたり生体は変化するとされる（『ステッドマン医学大辞典』1733頁）。

身体に課せられる負荷の生体への適応に役立つ、生体の非特異的反応が問題であることが現されている。

ストレス反応の身体に対する最も重要な短期間の影響は以下のようなものである（図10-1）。

- ・呼吸：気管支は拡張しそして呼吸は荒くなる。これは上昇した酸素摂取に導く。
- ・心臓循環：心臓は一層血行を良くしそして性能が良くなる。心拍数が高ま

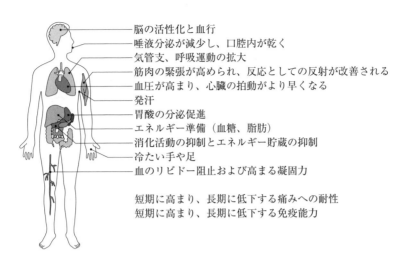

図10-1 身体のストレス反射

り、血圧も高まる。心臓の、脳および大きな作業筋肉の血管は拡大する。同時に皮膚、身体周辺部および消化路の血管は狭くなる。同時に心臓、脳および筋肉で血行とエネルギー供給がの改善されると、血液の再分配にいたる。

- 筋肉：骨格筋肉の血行は改善され、同時に筋肉の中で脂肪が燃焼し、酸素とエネルギーの供給が維持される。筋肉の緊張は高まり、同様に反射速度も高まる。身体は筋肉労働の準備をする。
- 代謝：肝臓で貯蔵されているグリコーゲンが、一層血液に運ばれて、直ちに脳で利用できるエネルギーに変換される（消費の準備ができる）。身体の脂肪組織の貯えから、脂肪酸は遊離（ほかのものと化合しない）し、筋肉における燃焼のため血中へ放出され、利用される。同時に胃や腸の消化活動は阻止される。唾液分泌過多は減少し、口の渇きが感じられる。生体は異化の代謝状態、すなわちエネルギー消費の準備をする。
- セックス：性的欲求（リビドー）は阻止される。性的ホルモンの発生は減少される。
- 免疫系：急性のストレス負荷のもと、血液中でナチュラルキラー細胞の数が上昇する。それによって例えば、傷口のふさがっていない傷を超えて血

10章 ストレス概念と身体的精神的症状　117

管に侵入した異物は、素早く発見され、さらに害を及ぼさないようにされる。しかし30〜60秒後すでに、あり余った免疫反応をアレルギー性反応の形により妨げ、炎症反応を弱めるために免疫機能は再び弱められる。

・痛み：身体固有の痛み抑制剤であるエンドルフィン＊の倍加した分泌によって、いわゆるストレス感覚消失まで減少する痛み感覚にいたる。

> ＊脳で作り出され、中枢神経系と一部の末端組織に抑圧と興奮を生じさせる（どちらが優勢になるかは薬の種類と量による）。モルヒネと他のアヘン剤のように、特殊な受容体に作用する神経伝達物質、あるいは身体固有のあるいは内因性のアヘン剤である神経ホルモンの1グループ。大きな鎖状になって結合したペプチド（2つ以上のアミノ酸からなる化合物）である（Lexikon, S. 539, 544.）。

全体として身体的ストレス反応は、生体に最も短時間に最適な方法で大きなモーターのような活動によって、闘争あるいは逃走反応によって強迫的な危険を解決するよう準備する。この種の身体的克服反応の実行にとって必要なそれらの身体的機能（呼吸、心臓循環、エネルギー準備）は、刺激される。一方緊急の危険に対する短期的な取り組みにはさほど重要でない、再生および生殖のための身体機能（消化およびエネルギー貯蔵、繁殖、発育）は弱められる。

2) 内分泌のシステム[2]

内分泌システムはホルモンの形成に役立つ。それは血液や尿の中において非常にわずかしかない濃度において立証される。

一般的なホルモン機能
・代謝およびエネルギー内容の調節
・障害、ストレス、乾きあるいは空腹のごとき負担状況の場合の身体の援助
・成長や発展の促進
・繁殖経過の操縦

比較におけるホルモンと神経シグナル

神経システムが、その情報をもっぱら選択された細胞、例えば筋繊維、腺細胞あるいは他のニューロンにさらに回す間、ホルモンはホルモンのために受容器を有するすべての身体細胞の原理において、血管を通して分け与えられる（表10-1）。

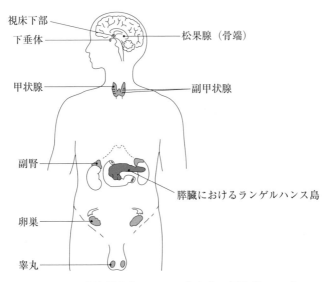

図10-2 分泌器官とホルモン生産する細胞グループ

表10-1 神経およびホルモンシグナル間の比較

特徴	神経システム	ホルモンシステム
シグナル伝達	・電気の（ニューロン、アクソン）また化学的シナプス	・化学的
目標細胞	・滑らかな横紋筋、神経細胞	・関連しているホルモン受容器とすべての身体細胞
作用開始	・1000分の1秒〜1秒	・1秒〜ひと月
結果の反応	・他の神経細胞、筋収縮あるいは腺分泌の活性化	・代謝活性化の変化

内分泌システムの一般的な増成と機能原理

ホルモンと目標細胞

目標細胞がホルモンシグナルに反応しうるために、細胞は特殊なホルモン受容器を所有しなければならない。ホルモンとホルモン受容器は、鍵と錠前のように対応するものである。ホルモンが細胞に結びつくと、一連の細胞内の代謝経過が作動する（図10-3）。

それぞれの細胞は、多数のホルモンにとっての目標細胞であり、それに相応

10章 ストレス概念と身体的精神的症状

表 10-2 重要なホルモンと形成場所の一覧

タンパク質から成り立つホルモン	主な形成場所	脂肪から成り立つホルモン	主な形成場所
・チロキシン、トリヨードサイロニン ・カルチトニン	・甲状腺	・アルデステロン、コルチゾール	・副腎皮質
		・雄性発生―胞状奇胎	・精巣
		・エストロゲン、プロゲステロン	・卵巣
・アドレナリン、ノルアドレナリン、ドパミン	・副腎髄質		
・オキシトシン、バソプレシン（抗利尿ホルモン） ・放出／抑制ホルモン	・視床下部		
・インスリン、グルカゴン	・膵臓		
・成長ホルモン、プロラクチン ・TSH、ACTH、FSH、LH	・下垂体前葉		
・待機ホルモン（PTH）	・副甲状腺		

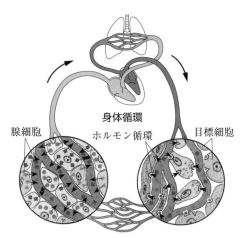

ホルモン腺（腺は分泌作用を営む細胞の集合体である〔『ステッドマン英医学大辞典』736頁〕）は、ホルモンを血液に渡す。ホルモンは身体内の血液循環によって分け与えられ、目標細胞に到達する。目標細胞は、"鍵と錠前"のように、ホルモンを結びつける特殊なホルモン受容器を有する。

図 10-3 ホルモンのホルモン腺からの遊離および様々な身体細胞における型どおりの取り出しの結びつき（目標細胞は身体循環にもまた肺循環にも同様に存在する）

して様々なホルモン受容器をもっている。一つのホルモンの目標器官での作用は、様々な要因により定められる。

・ホルモン集中
・受容器への結束の速度
・自由に用立てられる受容器の数
・ホルモン廃棄の速度

ホルモンの科学的構造

大抵のホルモンはタンパク質から成り立っている。脂肪（ステロイド）からつくられるホルモンには、副腎皮質および性ホルモンがある（表10-2）。

ホルモンの割れ目にしみ出る現象のヒエラルヒー

通常範囲

ホルモン現象の正しい操縦は、大抵通常範囲（図10-4）によって内分泌の器官のところで行われる。

最も上の調節器として視床下部が作用を与える。ここで多くの情報が外界や内部の環境にわたって共に流れ、自律神経の神経システムのニューロンと結合される。視床下部は、ホルモンに関して第2の調節器である下垂体前葉に影響

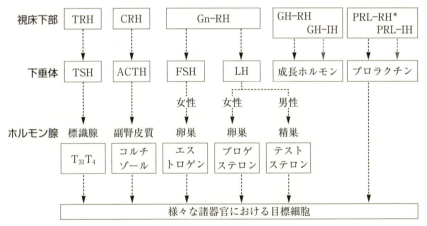

*PRL-RHは個々のホルモンを示すのではなく、多数のホルモンによって生かされる一つの機能を示している。

図10-4　視床下部、下垂体そして抹梢ホルモン腺のホルモン座標軸

を与える。

　下垂体前葉は再び、下位にある内分泌の器官に影響を与えるホルモンを分ける。下位にある内分泌の器官は、例えば標識腺が、ヒエラルヒーの最下部に立ち、そのホルモンとともにホルモンに分類された目標細胞に影響を与える。

　血液における末梢のホルモンの濃度は、視床下部や下垂体にある受容器によって操作される。抹梢ホルモンの低い濃度はホルモンによって視床下部や下垂体からの放出を促進する。末梢ホルモンの高い値は上位の腺を阻止する。

　内外で起こる変化に応じて秩序立った活動をする人体のように、外部の事象に正しく対応する人の行動が生成できればよいが、外部の刺激にうまく適応できずに、正常な体のはたらきができない場合はどうであろうか。

ストレス反応

　感染、手術、不安、欲求不満、攻撃そして業績向上を強いられる精神的圧迫のごときストレスを呼び起こす出来事は、中枢神経システムにおいて、ともにストレス反応といわれる、平行して進行する2つの反応を生じさせる（図10-5）。

　視床下部、下垂体の活性化は、束状帯（Zona fasciculata　副腎皮質の球状態と網状帯の間にある放射線配列をした細胞索の層で、コルチゾールとデヒドロエピアンドロステロンを分泌する）を刺激することによって、ACTHを放出する。コルチゾールはその作用を展開し、すでに述べた物質交代変化を生じさせる。

　副腎髄質の活性化は、カテコールアミンの即時の放出を意味する。その結果、闘争ないしは逃走において生き長らえるために必要なすべての器官系が最高段階で働く。

　生体としての人間は、環境に対応してバランスを保つ機構を備えている。調節系としての神経系と内分泌系による刺激反応のシステムである。刺激（ストレス）が高まり、継続することによって正常な動的平衡状態が作られ、ストレスへの抵抗力が生体に蓄えられて、そのストレスは生体に対応したシステムを作る。これは環境の変化につねに対応して、生体を構成する数多くの細胞にとっての最適な環境を作り上げる内的環境が生体に備わっており、多数のフィードバック調節機構によって恒常性（ホメオスタシス）を保っているからである。

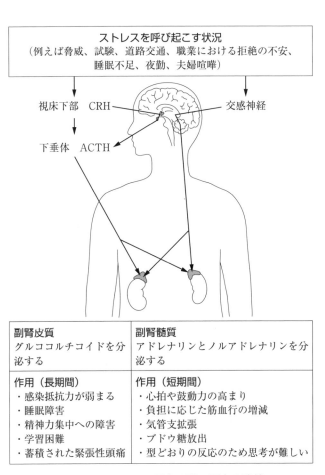

図10-5 ストレス反応の際の反応の連鎖

2. ストレスは脳に起こる（ストレス反応のニューロン組織）[3]

　包括的な身体的ストレス反応は中枢神経系、自律神経系の神経系およびホルモン内分泌系間の複雑な作用によって可能となる。複雑なニューロン（神経細胞体、樹状突起と軸索からなる神経系の形態的および機能的単位）、内分泌および自律神経のプロセスから、ここでは、最も重要な作用関連の理解によって要求される

その観点を単純化してわずかばかり抽出する。

　ストレス負荷に対するニューロンの反応組織は、複雑な方法で組み込まれる多数のヒエラルヒー階層で行われる。組織学的には表面から内側に向かって6層に、皮質の各部位は異なる働きをする52の領域（ブロードマン）において、それぞれのはたらきをする。末梢のストレス反応の中枢を呼び起こすことについて、本質的に次の脳部が関与する。

・新皮質（脳皮質）：新皮質は系統発生の最も新しい人間の脳の部分である。それは自覚している知覚およびすべての認識に関するプロセスにとって権限を有しており、いわば"思考脳"である。新種のそして危険をはらむとして等級づけられる刺激の知覚は、前正面の連合皮質の非特異的活性化、特に感覚の情報解釈および出来事の先取りすることに責任がある脳部において起こる。

・辺縁系：脳系統の周りに帯状の形をしたニューロンの網をグループ化したエリアである。それらは進化の跡をとどめた古い皮質で、個体推移、種類維持のための中枢で脳部位間の連絡をつける。辺縁系は感覚の情報処理（視床）のための開閉個所であり、情動の誘発（偏桃体）および自律神経の機能の調節（視床下部）にとっての中心の意味を持っている。それはいわば"内臓および感覚の脳"である。辺縁系は物理学的、心理学的信号に従って恐怖、不安、喜びといった情動を作り出し、ストレス反応で大きな役割を果たしている。

・脳幹：大脳・小脳以外のすべての脳部分である。脳幹は系統発生的に脳の最も古い部分である。とりわけここでは随意、不随意の身体運動がコントロールされる。例えば中脳には姿勢制御の中枢があり、運動選手の宙返りの妙技は姿勢反射の練習による複雑な連合反射運動である。特別の意味におけるストレス反応にとって、"青斑核"＊（ローカス・ケルラー〔Locus caeruleus〕）は、脳から脊髄への移行にかかわる小さな細胞核領域で、メラニン色素を有する約2万の神経細胞体の一群のある位置にあたる。この神経細胞は、ストレス反応を呼び起こす際にも一つの決定的な役割をする最も重要な神経伝達物質の一つとして、脳における全体のノルアドレナリンのおよそ4分の3を生産する。

＊青斑核は中脳水道の近い菱形窩の最前部の外側にある浅いへこみで、新鮮脳では青色をしている。これは第4脳室外側壁の近くにあり、視床下部、大脳皮質をはじめ小脳にわたって著しく広範囲に分布しているノルエピネフリン含有の軸索を持っている一群である。

新種の刺激と対決する際、入ってくる情報は、潜在的ストレッサーとしてこれら3つの脳部分に吸収消化され、これらの間でさらに取り次がれる。そしてストレス反応を呼び起こすことについて決定される（図10-6）。その際次のように惹起される。

感覚細胞から伝達された感覚的情報はさしあたり視床に集まる。ここで最初の、また状況の非常に不正確なイメージがつくられる。これは情報のより正確な処理が行われる脳皮質へ転送される。

ある危険を知覚した場合、連想的な皮質エリアの活性化は、辺縁系の深く置かれている脳部分に広がる。特別に重要であるのはここに偏桃体があり、そこで系統発生的に古い情感プログラムが記憶されることである。その活性化によって脳皮質の興奮は今や情動的な性質（不安、激怒、悲しみ）を得る。下降する

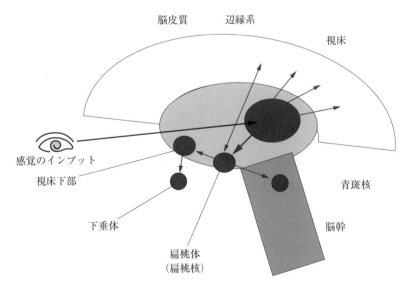

図10-6　ストレス刺激の中心の処理

神経繊維を超え、さらに経過すると中枢のノルアドレナリン*系の青斑核を刺激することになる。青斑核の神経細胞は、神経伝達物質ノルアドレナリンを生産する。増大したノルアドレナリンの放出は、再びいわゆる交感神経―副腎髄質―軸の直接的鼓舞に影響する。

> *アドレナリン（エピネフリン。詳細は『ステッドマン医学大辞典』602頁）とノルアドレナリン（ノルエピネフリン。同1210頁）の生理作用の違いは、アドレナリンが主に心拍出量増加作用と血糖値上昇作用を持つのに対して、ノルアドレナリンは末梢血管収縮による血圧上昇の作用が著しい。また分泌調節の違いは、ノルアドレナリンは副腎髄質中のクロマフィン顆粒に貯えられるが、アドレナリンよりはるかに量が少なく低血圧および身体的ストレスに反応して分泌される。また全身に分布する交感神経の終末からも分泌される（『ステッドマン医学大辞典』）。

　もし最初の視床の処理段階ですでに明白な危険シグナルが認められるならば、ここからまた直接に―幾分は脳皮質の周囲の下で一種の"短絡"において―ストレス反応が引き起こされる。この場合、切迫した危険状態についての情報は、視床から直接扁桃体に、次いでストレス反応を直接に作動させる。このメカニズムは、身体的および情緒的なストレス反応が、そもそも自覚している思考にとって全く時がないにとどまるほど速く、ほとんど反射のように多くの状況（例えば往来における、争いの際）の中で生じる経験を説明する。

　交感神経系の活性化プロセスの過程で、強迫的として段階づけられた状況の素早い克服にいたる限り、端緒の活性化、すなわちストレス反応は終息をみる。ノルアドレナリンはほとんどすぐ後に衰弱し、交感神経性の活性化は切断され、身体は落ち着く。

　しかしこれはその通りではなく、状況はむしろ容易にコントロールしえないと判明する。活性化は維持されるだろう。青斑核におけるノルアドレナリン系の神経細胞は、さらにノルアドレナリンを放出する。これは交感神経の活性化ばかりが保たれるのではなく、高く置かれた脳部位においても上行性の神経路にわたって広がっている。前正面の皮質および辺縁系の、特に扁桃体の活性化は強くなる。それは皮質、辺縁系および、結局は視床下部における特別の核部位も把握する脳幹（"青斑核"）の間で高まりながら、そして広がりながら興奮の型に正気づく。この視床下部のニューロンの活性化は、再び第2のストレス軸、視床下部―下垂体―副腎皮質―軸の刺激化に影響を与える。

3. ストレス反応の2つの軸 (渇きと濡れのコミュニケーション)[3]

ストレス反応には2つの軸がある。渇きと濡れのコミュニケーションの方法である。脳におけるニューロンの活性化の記述した平面は、複雑な仕方でいくつかのフィードバック機構によって互いにかみ合わされる。結果的にそれらは、それらを越えて周辺の生理学的ストレス反応が仲介して2つの軸によって刺激に導かれる (図10-6)。

交感神経─副腎髄質─軸

これは、痛さあるいは怒りのような生理的・情動的刺激の場合に、アドレナリンホルモン量が血液中に増加し、それによってとりわけ鼓動、血圧そして血糖値が上がり、心臓、脳そして筋肉の血行が改善されるという観察結果が、キャノン (1929) によってすでに記述されている。

"青斑核" において遊離された血管運動反射は、交感神経、すなわち脊柱に沿って走っているすべての器官や脈管を伝導する自律神経の神経システムの一つの神経路を活性化する。瞬間の一部分で交感神経の神経終末は、それらの側でノルエピネフリン (血管反射運動) を空にし、それによって周辺の器官の活性化を始める。交感神経は結局副腎髄質で増加したアドレナリンを游離するよう活発化する。

視床下部─下垂体─副腎髄質─軸

これは、様々に長く持続的な負担への生化学的な反応を調査したハンス・セリエ (1936) によって記述された。上位の重要な地位としての視床下部において、副腎皮質刺激ホルモン放出因子 (CRF) が、脈管系を超え下垂体、脳下垂体に達するホルモンの遊離にいたる。そこで副腎皮質刺激ホルモン (ACTH) の分泌を活発にする。この作用物質は循環の中で到達し、副腎皮質においてコルチゾールの遊離を活発にする。このホルモンは、再びエネルギーを供給する血糖の増加した供与から免疫システムの微調整まで、幅広いストレス適応を可能にする。ホルモンのストレス反応が過剰にならないように、システムにはフィードバック機構がある。血液におけるコルチゾール含有量の高さは、視床下部および下垂体において上位の地位に戻って届ける (陰性のフィードバック)。血液における

たくさんのコルチゾールは、双方の遊離ホルモン（CRH と ACTH）のさらなる遊離を阻止する。その結果ホルモンのストレス反応は通常みずから制限される。

　上ですでに示したように、それは新種で、危険をはらむとして判断される状況として、さしあたり交感神経―副腎髄質―軸の活発化につながる。シグナルの伝導は、ここでいくらか神経路に沿ってすすみ、電気の刺激について"渇き"が生じ、そして非常に速い。この軸の機能は、比喩的に言うと、ある緊急的活動の形、"武器への叫び"に相当する。

　負担がさらにかかると、第2の軸、視床下部―下垂体―副腎髄質―軸も活性化する。シグナルの伝導はここでは幾分"濡れる"、というのは、血液へのホルモン放出が行われ、そして神経系の道よりはっきりと緩いからである。この軸の機能は比喩的に言うと、エネルギー準備の形にとして補給の組織において存続する。

　分泌調節機能である糖質コルチコイドの生成・分泌は、下垂体葉の ACTH によって促進される。ACTH の分泌は、視床下部ホルモンである副腎皮質刺激ホルモン放出ホルモン（CRH）によって促進される。一方、糖質コルチコイドは視床下部や下垂体前葉に作用し、CRH や ACTH の分泌を調節する（負のフィードバック機構）。種々のストレス刺激は CRH–ACTH 系を介して糖質コルチコイドの分泌を促す。

　異なる時間的組織や様々な機能は別にして双方のストレス軸は負担状況やその消化の仕方によっても異なって強さの程度に活性化され、それはさらになお詳細にとりあげられる。

4.　ストレスはその脳をつくる[4]

　これまでの叙述において、脳はもっぱらストレス反応の出発点としてそれらの多様な周辺の作用によって考察された。しかし同時に、脳はストレス反応の目標器官でもある。ゲッチンゲンの神経科医ヒューターは、この中心適応症候群の関連において述べている。ノルアドレナリンもコルチゾールも同様に脳の機能の仕方に広範な作用をもつ。特別の関心として、ストレスホルモンのニューロンが次第に消えていくことへの作用が、脳においてある。これは従来

最初の手掛かりとして研究された。従来の研究成果は、ノルアドレナリンがすでに手元に蓄えとしてあるニューロンのスイッチング回路の一つの道を開き、安定化に寄与することを暗示する。それに対して強く高まったコルチゾール度は、より長く持続するストレス反応により、むしろ存続するニューロンの構造の一つの非安定化と変性に導く（ヒューター、1997）。

　ノルアドレナリンシステムの活発化によって、大脳の血行、および増加したブドウ糖の摂取が高まり、そして高まったエネルギー代謝に行き着く。ノルアドレナリンはさらに神経栄養の要素（神経細胞にとって成長促進する物質）を放出し、その放出によって軸索の強化した成長やシナプスの形成を誘発する。短期間の、統制できる負担の間繰り返されるノルアドレナリンの活発化は、成果として、すべてそれらの、われわれの脳においてある挑発の克服のために利用される。中空部分を型枠で固めることは、より良く組み立て、道を開き、事実上つくられることに導く。

　ストレス反応の枠組みにおいて放出され、また血液の中で循環するコルチゾールは、問題なく脳に届く。そこで作用の用量や期間に依存して、持続的は神経細胞の変化を引き起こす。長く続いているコントロールのきかないストレスによって生じるコルチゾール降下物は、神経栄養の要素についての合成や降下物の抑制に導く。慢性的なストレスの下でさらに、それによって神経細胞間のコミュニケーションは邪魔され、一連の神経伝達物質（セロトニン、ドパミン、ノルアドレナリン）の受容器の数は減少する。この場合もコルチゾール含有量は決定的な役割を演じる。

　ストレスホルモンはそれによって具体性の人間の脳を作る。ストレスホルモンは、経験の形を新種の刺激の消化と同様に、容易にしながら順応を促進する。

5. 不安、怒りあるいは困惑—ストレス反応の特殊性[5]

　ストレス反応は、あらゆる人間、あらゆる負担状況において、同じ型にはまった仕方で進行するのではない。最初のものは特に心臓循環系と反応を起こす。第2のものは筋肉緊張を優遇し、第3のものは消化器の中止と反応を起こす。このいわゆる個人的な反応特殊性は、徹底的な精神身体医学の研究は伝記

体の経験との間の共同作業にある。だから例えば心臓血管の高反応性に導くある遺伝的な疾病素質は特に負担に慣れているある一定の習得した様式と共通に、負担状況として心臓循環系の活性化に導くことができる。

　ストレス反応は、その時々の負担状況に依存しても様々に変わる。人は次いでストレス反応に関する状況特殊性について述べる。知覚されたストレッサーの様式に従って様々に、身体のストレス反応に加わるホルモン系が、異なる強い仕方で活性化する。セリエによって公式化された身体のストレス反応の非特殊性の公準は、新しい精神生物学的ストレス研究の中ではもはや維持されない。存在している研究成果を身体的ストレス反応の特殊性にまとめる試みは、ヘンリー (1986) の精神神経内分泌学的ストレスモデルとして表現されている（図10-7）。このモデルは現実の複雑な関係を必然的に大雑把に単純化したものであるとしても、それはわかりやすく説明するために全く有効である。ヘンリーは、このモデルにおいてその時々のストレス状況における支配的な情緒（怒り、不安、

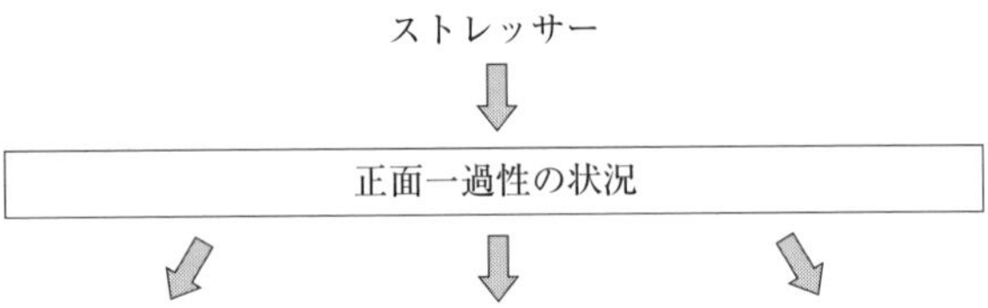

ストレッサー

正面一過性の状況		

情緒	怒り	恐怖	圧迫/困惑
大脳辺縁系	中央扁桃体	基底扁桃体	海馬系
態度	戦い 努力	恐怖 努力	従属 消極性
神経内分泌反応	ノルアドレナリン アドレナリン コルチゾール テストステロン	ノルアドレナリン アドレナリン コルチゾール テストステロン	ノルアドレナリン アドレナリン テストステロン* コルチゾール

*睾丸の間質細胞から分泌される男性ホルモン。

図10-7　神経分泌のストレス反応の特殊性（ヘンリー、1986 の精神神経内分泌学的ストレスモデルの単純化した表示）

あるいは圧迫）に従って、その都度特殊な内分泌の反応型とともに３つの様々な
ストレス反応のタイプに分類している。

　状況は最初の怒りを呼び起こされると、カテコールアミン、特にノルアドレ
ナリンが、放出される。テストステロンの降下物、刺激に強い優勢の反応に関
連する一つのホルモンも高い。コルチゾールの値はそのままである。それは強
い心臓血管の反応（血圧と心拍数上昇）に出てくる。闘争/努力の反応が如実に示
される。

　最初に恐怖の反応が生じる状況では、とりわけアドレナリンを空にし、ノル
アドレナリンやコルチゾール濃度も容易に高められる。ここでも血圧や心拍数
が高まる、もちろん怒りの状況におけるほど高くはない。ここでは恐怖/緊張
の反応が如実に示される。

　結局、抑うつ性の感情状態に応答される状況では、内分泌の反応においてコ
ルチゾール上昇が優勢であり、テストステロン集中は強く後退し、カテコール
アミンはそのまま変化はない。心拍数は減少する。全体的に反応が途方に暮れ
た状況では下位に置かれていると記述されうる。

　ヒュウテル（1997）によれば、ストレス反応の様式は決定的にその時々の負
担状況を制御しうることによって決められる。したがって、行動戦略がスト
レッサーを回避あるいは除去のために自由に使えるとしても、その有効性は、
ルーチンになった反応によって要求を克服するために（なお）十分ではないなら、
そのときはいつも、制御できうる負担の場合、ストレス反応の仕方は交感神
経―副腎随質―軸の活性化に現れ、そして（現れるとしても）もっぱら視床下
部―下垂体―副腎皮質―軸の短時間の刺激に現れる。長く続く視床下部―下垂
体―副腎皮質―軸の活性化に、また同時に循環するコルチゾール値の長期の回
復には、負担がコントロールできないと証明されるなら、それゆえもし、本来
のバランスを取り戻すために手元にある行動戦略が何ら適していないならば、
そのときいつもストレス反応の様式が現れる。

　具体的な負担状況における個人の具体的なストレス反応がいずれの様式であ
るかは、状況特殊なそして個人特殊な反応傾向に関する作用から生じる。ここ
に紹介したストレス予防プログラムにとって、一つの重要な歩みは、個人の感
覚を個人的なストレス反応のために感じやすくし、見られることに意味がある。

10章　ストレス概念と身体的精神的症状　　131

自己の活性化反応のできるだけ細かく分化した、また早期の感覚は、効果的な
ストレス克服の中心の前提と思われる。

6. ストレスはうんざりさせる？—ストレス反応と身体的健康[6]

ストレスによって引き起こされた身体的な活性化は健康を害していない。そ
れどころか、ストレスは、ハンス・セリエがかつて述べたように、"生活のスパ
イス"である。絶え間ない移り変わりで再三緊張を緩める段階によって交代さ
れる短期の活性化が、本質的な積極的に生きていることの指標である。これは
自然の寝起きのリズムにおけるばかりか、基礎の生理学的事象においても、例
えば呼吸の際のリズム的交代においても、心収縮と心拡張を絶え間なく繰り返
す心筋活動においても示される。生きていることの表現として、周期的な活性
化は主観的に心地よくそして楽しく体験される。給付を高めながら、また動機
づけながら作用する。セリエ (1981) は、この場合において、彼は健康を危険に
さらす"貧苦（Distress）"から区別する"整頓（Eustress）"と述べる。

ストレス反応を基礎にした身体の健康にとってのリスクは、単なる短期の身
体の活性化の事実からは生まれない。身体のストレス反応の健康を危険にさら
す作用にとっては、本質において次の 4 つの観点が重要である。

消費されないエネルギー

記述された身体のストレス反応の場合、有機体によって最適に、闘争あるい
は逃亡において危険状況に対するために準備される、系統発生的に非常に古い
反応手本が扱われる。攻撃や逃走への準備は、本源的に生物学的に目的的であ
る。多くの現代的人間が負担状況を克服する場合、この反応の見本はその直接
の適用価値を失ったけれども、身体的な攻撃あるいは逃亡の企ては、それでも
最もまれな場合に精神社会学的葛藤の適切な解決を表す。糖新生およびリポ
リーゼにおいて用意されるエネルギーはかくて消費されない。脂肪、血糖、そ
して凝固した血小板が血管をふさぐ。それは心臓、肺あるいは脳における動脈
硬化症および感染症に出てくる。

慢性的負担

ストレス反応は、進化の過程において短期間である危機との取り組みの中で

プログラムとして開発された。今日多くの人間にとって重要なストレス要因、例えば人間相互間あるいは職業の領域における多くのために、これは長い時間、しばしば年間にわたって生成しあるいは再三再四新たに発生することが特徴的である。このようにしばしば回復や緊張緩和にとって必要な時間が欠けることは、有機体が常に高められた抵抗準備において保持されることにつながる。セリエはこの関連において、その中で有機体を慢性的な負担によって生活に適応する抵抗段階について述べた。この段階において共感できる活性化の緊急の症候群が消滅する。習慣の範囲で技術的と思われるそれは、当為価値の移動時に現れる。有機体は、新たに平衡を高められた水準で維持する著しいエネルギー消費の下で試す。あまりに長く支えている負担の場合、結局有機体の適応能力が工面する。このいわゆる疲労困憊の段階においてそれは、次いで多様かつ機能的な症状が深刻な器官疾病にまで現れる。有機体は長い時間にわたって維持されて、高められた抵抗水準の場合、漸次その自然の自己調節のための力を失うことになる。これは、何ら緊急の負担が事実として存在しない段階においても、通常の静止水準に戻ることがもはや可能でないことを意味する。脈管内壁の伸縮性を失い、その導管は、血圧が慢性的に高止まりという結果によってもはや広くはならない。張りつめた、苦痛の筋肉はまだ重くだけほぐされ、反射的にその上に悪循環が組み立てられ、それによって緊張が継続的に維持され、さらなる筋肉の緊張反応を呼び起こす。回復は―睡眠においても―、通例、常にゆったりしているならばなされる。視床下部―下垂体―副腎皮質―軸はそのまま継続して活性化する。コルチゾールを空ける自己限界に作用する、否定的なフィードバックのメカニズムは無効である。血液において慢性的に高められたコルチゾールの値がある。これは複雑な仕方で様々な生理学的な機能に作用し、例えば膵臓におけるインスリン生産のために示される。コルチゾールは、通常では糖分の身体細胞への摂取を促進するインスリンの作用を低下させる。より多い糖分が血液においてとどまり、糖分摂取のために何らインスリンが必要でない脳細胞のために準備されることそれによって連絡される。膵臓において低下したインスリン作用は記憶にとどめられ、相対的なインスリン不足として"解釈され"、増加したインスリン生産によって応答される。長期間にわたるインスリンの生産は、膵臓の膵島細胞において疲れ果てる。その結果本当の

インスリン不足が発生し、血糖値そして同時に糖尿病リスクが高まる。

弱められた免疫能力

精神免疫学的研究は、精神社会的負担状況において免疫能力が持続的に影響されることを示すことができた。短期的な、緊急の負担はとりわけ様々な免疫学的変数に対する興奮させる効果を観察することができた。かくてナチュラルキラー細胞の数は血液において高められ、それはいわば、外部から入り込む異物に対する有機体の最初の防衛ラインを表す。この免疫を興奮させる効果は、緊急の負担段階における交感神経―副腎髄質―軸のノルアドレナリンの活性化を基礎にする。負担が続くと、それは視床下部―下垂体―副腎髄質―軸の活性化を超え、コルチゾールを増加させる。これは対立調節的に、過剰の免疫反応を阻むために免疫抑圧に作用する。長く持続している負担は、結局大抵の場合において広いコルチゾール分泌に現れる（ヒポコルチゾール主義）。それは免疫能力の持続的弱体につながり、同時に一般に高まった疾病に感染しやすくなる。例えば上気道の感染や単純疱疹ウイルス感染症などである。また精神的負担、低下した免疫能力そして腫瘍細胞の成長の間の相関的な関連が、がん疾患の進行にストレスの可能な役割を指摘する。新しい研究成果は、それがストレスの下での多くの個人の場合コルチゾール配置の阻害にも現れる（ヒポコルチゾール主義）。これは過剰の免疫活性を生じ、次いで炎症の、アレルギーの反応の発生によって自動免疫疾病にまでいたる。免疫構成のストレス効果の基礎になっている作用メカニズムは、これまでまだわずかしか知られていない、目下のところ集中して研究されている。神経解剖学上の研究は、自律神経の神経系と免疫系の細胞間の神経的結合を証明することができた。これは神経と免疫系との間の直接のコミュニケーションの可能性を指摘し、しかも求心性の方向（すなわち神経系から免疫系）においても、遠心性（すなわち免疫系から神経系）においても同様である。ストレスホルモンは、とりわけコルチゾールや、カテコールアミン（アドレナリンやノルアドレナリン）もそれを超えて免疫学的機能を、対応する受容器について免疫能力をもつ細胞に影響を与えることができる。

健康上のリスク態度

直接健康に害のある態度様式（例えばたばこ、アルコール消費、不健全な栄養、食事行動）は、負担状況において行動的なストレス反応の一部としてあるいは克服

表 10-3　慢性的ストレス反応により起こりうる疾病

	症状・疾病
脳	認識に関する給付能力と思考機能の制限、脳梗塞
心臓循環	突発性の緊張過度、動脈硬化症、冠状血管の心臓疾病、心筋梗塞
筋肉	頭、背中の痛み、"軟部リウマチ"
消化器	消化障害、胃腸潰瘍
代謝	高血圧値/糖尿病、高コレステロール値
免疫系	外部から（感染病疾患、エイズ）と、内部から（腫瘍膨張）の病的影響に対する低下した免疫能力 外部から（アレルギー）と、内部から（自動免疫疾患）の影響に対する超えた免疫反応
痛み	低下した苦痛耐性、高まった苦痛体験
セックス	リビドー消失、循環障害、ED、精液成熟の障害、不妊

　の試みとして強化して踏み出すことができる。それによって一方で疾病リスクが直接に高められる。他方で挙げられたリスク態度様式は、長期に一般の負担に耐えうることを減少し、抵抗力のより速い枯渇にいたる。

　ストレス反応の実践的なすべての重要な器官系に対する様々な作用を目の前にして、慢性的なストレス反応による健康に害を与える作用もきわめて多様的である。そして多数の疾病の場合、一つの役割を果たすことは不思議ではない。一つの—もちろん論じつくしていない—概要、いずれの疾病の場合もストレス結果にも考えられる概要は、表 10-3 を参照のこと。

7.　精神的ストレス結果—燃え尽き症候群[7]

　慢性的ストレスは、身体的健康に対する有害な影響ばかりでなく、精神的安寧および精神的健康の障害にも作用する結果を生じる。視床下部—下垂体—副腎皮質—軸の憂うつな妨害や過剰活性の発生間の関連は、その間よく証明される。抑うつ的に慢性的に高まった血液におけるコルチゾール値がそれを示す。これは主としてコルチコトロピン放出要素（CRH）の過剰生産を基礎に、その側面での原因を視床下部のある欠陥、あるいはそれより上位にある部位に持つ。ストレス軸はそれによってもはや完全に通常は再び下に向かって調節するメカ

10章　ストレス概念と身体的精神的症状　　135

ニズムを容れず、それゆえに慢性的に活性化される。

"燃え尽き症候群"の概念によって精神自律神経の疲労困憊症候群は、慢性的な職業的に制約された負荷反応のために特徴づけられる。最初の記述は相互作用集中的な労働範囲から（いわゆる"個人の仕事"に）由来した。特に援助する職業—社会労働者、看護師、医師および教師—の場合に。燃え尽きはここで狭く把握され、情緒的な負担をもとに適切な報酬なしの援助によって、疲労困憊として理解された。

その間燃え尽き症候群は、多くの他の職業の成員—警察官、マネージャー、キャビンアテンダント、ジャーナリスト、EDV専門家（まさにはしりの企業も）、建築家—の場合示された。その限りにおいてさらに把握される概念理解が、公正に作成されると思われる。われわれの理解において燃え尽き症候群はまた、稼得労働との関連において成立する負担をかけることに制限されない。むしろ燃え尽きプロセスは、家族の領域（例えば家族の介護の場合）において長く持続している負担によっても発生しうるものである。

燃え尽き症候群の場合ほとんど明確に規定された疾病形成が問題ではない、それはまた何ら自立的な精神医学上の診断を表さない。それは多様な症候性の部分的に重なる特に抑うつ性の障害形成や心身の障害に成り立つ。もし該当者が医師に行くと、ほとんど身体の障害のため、ついで診断されそして心身的に処置される。それに基礎をおいて燃え尽き症候群が大抵そのまま知らないままである。

隠喩的に少なくとものちの段階においてわずかしか作用せずそして、蓄電池は空そしてそれはもはや充電されえない少ないエネルギー補給によって、長く絶え間のないエネルギー放出が問題である。凡そ、もしある自動車バッテリーがもはや点灯用発電機以上につめ込められない、それにもかかわらずしかし最高の給付を放出する時のようである。そしてこの中でより大きな労苦の後で通常の、生理学的疲労との相違も横たわる。燃え尽きることは再生に対する自然の能力の喪失によって性格づけられる。人はもはや健康を回復しえない。

燃え尽き症候群の症状
身体的疲労困憊
・エネルギー不足、慢性的疲労、虚弱感

・精神身体の症状（頭、背中の痛み、胃腸の苦痛、心臓循環障害、睡眠障害）

情緒的疲労困憊

・意気消沈、絶望、逃げ道のない

・内的空虚、壊死（組織の一部が生活力を失う）感

以下は支離滅裂に交替する

・怒りっぽさ、腹立たしさ、罪悪感

・精神的心的疲労困憊

・認識に関する給付能力や創造性の解体

・自己の個人、労働、生活一般に対する否定的な態度

・冷笑的態度

・無意味な言動と生命にかかわる絶望の感覚

・社会的疲労困憊

・他人から吸われる（"吸血鬼"）感覚、他の人間に"いらいらする"、もはや希望を抱かせるあるいは豊かにしているのではなく、もっぱらさらなる負担として体験されうる

・感情移入の喪失（他人の理解無視、傾聴不可）

・他人の関心を失う、社会的退却（職業的ばかりでなく、私的にも）

継続ストレスによる健康被害

身体的な面：アレルギー、神経皮膚炎／心臓循環疾病（例えば心筋梗塞、卒中の発作、高血圧）／胃腸疾患（例えば胃潰瘍）／けいれん（特に背中、肩、首筋における）／痛み（例えば背中の痛み、頭痛）／高い感染に対する抵抗力の弱いもしくは衰弱させた免疫システム／身体的疲労困憊感／急激な発汗／動悸／めまいの発作／耳鳴り／椎間板ヘルニア

精神的な面：睡眠障害／抑うつ／嗜癖疾病／強制障害／個性障害／不安障害／心身医学の疾病形成／集中の問題／減少した給付力／イライラした状態と内部の不安／不満／内部の緊張の感情／疲労とやる気のない状態／イライラした状態／怒りっぽさ／不安／燃え尽き／開口障害 (Hannah Frey, *Gesund im Büro Projekt: Gesund leben*, S. 113.)

　手元にある健康促進プログラムの主要関心事は、慢性的なストレス反応の身体的・精神的な健康のための否定的な作用を防止することである。そのさい、

生活を全くストレスなしで送ることが問題ではなく、ストレス反応によって用意されるエネルギーとの健康促進のかかわりを援助すること、ならびに緊張の段階の合間に生きている入れ替えを、ストレス解消や再生の直接の要求克服や段階の間に、新たに可能にすることが問題である。

【注】

1）Kaluza, *Stressbewältigung,* S. 16–17.
2）Kaluza, a.a.O., S. 17–19.
3）Kaluza, a.a.O., S. 19–20.
4）Kaluza, a.a.O., S. 20–21.
5）Kaluza, a.a.O., S. 21–23.
6）Kaluza, a.a.O., S. 23–25.
7）Kaluza, a.a.O., S. 25–27.

11章

負担の克服

1. 個人的負担の克服に対する3つの主な方法[1]

負担が健康に影響を与えるか、またいかに作用するかについては、負担に取り組むいずれの戦略が個人を投入するかにも依存する。この戦略は克服の概念のもとでまとめられる。それは評価（"査定"）のそれと並んで、ラザルスのストレス論における第2の中心の構想を表す。

克服は、全体の定義によってすべての「努力を、外部あるいは内部の要求（ならびに双方間のコンフリクト）によって内神経と同様に、反応に志向されたそれらはある個人の手段を済ませる要求あるいはのり越え、すなわちそれらを克服し、容認し、緩和し、回避するすべての努力を」包括する（ラザルスとラウニエール、1981）。克服概念はそれによって、積極的な負担状況の克服を狙うかような反応ばかりでなく、我慢する、許容するまた回避するあるいは否認することも、目標のために持つすべての反応も包括する。日用語の概念把握と異なって科学的な理解における克服はまた成果についてばかりか、ただ諸要求をうまく処理する苦労および努力について定義する。その結果は、常に定義された要求条件に関して経験的に突き止められ、そして先験的に確定されない。

負担克服のある確かな秩序への多様な可能性をもたらすために、克服研究のため文献において様々な分類システムが提案されている。統一的、一般的に受け入れられる分類型は目下のところ存在しない。しかし様々な克服機能ならびに基礎をなすものは異なる克服形式で区別される。

そのつどの克服労苦の手掛かりに相応して、以下に示す個人的なストレスマネージメントの3つの主要方法が、実務に即して区別される。

1）手段的なストレスマネージメント

この方法の手掛かりは、目標をもつストレス要因を減らす、あるいはまったく除去する。例えば職場の組織替え、作業進行の変更、援助等の組織によって。手段的なストレスマネージメントは、具体的・今日的な負担状況に対し反応的に生じる。そして予防にも将来の負担の減少あるいは除去にも向けられる。

手段的なマネージメントの例

- ・情報を探す
- ・作業課題を委譲する
- ・個人的時間企画を変える
- ・継続教育施設を訪問する
- ・"ノー"という
- ・援助を求める、社会的ネットワークを構築
- ・解明対話を導入
- ・労働課題に狙いを定めて構造化する
- ・個人的/職業的優先権を定義する

手段的ストレスマネージメントは、自然にその時々の要求の実現にとって十分な本題能力を要求する。その限りで専門的品質化はストレス克服の重要な手段的戦略を表す。本題能力はただしばしばもちろん十分ではない。手段的なマネージメントは、それを超えて一つの自己操縦の、そして目標に向けられた行為に対する能力として、社会情報的な能力と自己マネージメント能力を要求する。

2）認識によるストレスマネージメント

ここでの手掛かりは、個人的な動機、調整そして評価であり、したがって個人的なストレス増幅器の形で固有の影響の変更がある。ここでも克服の労苦は、具体的な負担状況での今日的評価あるいは状況包括的な、習慣的な評価の型に関係する。この意識的になすこと、批判的に反映すること、そしてストレスを低下させる評価に変換することは、ストレス克服の認識に関する干渉の手掛かりの目標である。その際"現在状態"（最初の評価センス〔ラザルス〕）の、そして自己の調節可能性（第2の評価センス〔ラザルス〕）の評価についてもまた、"規範、

価値そして目標の形式での存続する"当為価値についても、そして一般化されている考え方、例えば完璧なものにされた給付要求、助ける者のない考え方あるいは優越化された統制野心のごとき考え方も同様に、変更が肝要である。

認識に関するストレス克服にとっての例

- 完璧なものにされた給付要求を批判的に再吟味する。そして自己の給付限界を学んで受け入れる
- 困難は脅しとしてではなく、挑戦と考える
- 日常の任務への個人的感情移入をわずかにして、より多い内部の隔たりを守る
- 日常の小さな争いに夢中にならない。自分にとって本当に重要であるもの"本質的なもの"に対する視線を守る
- 肯定的、好ましい、成功されたことを自覚し、そのための感謝を感じる
- 傷つけあるいは怒りの不快な感情を貼りつけるのではなく、これらを放し学んで赦す
- 他人に対してはわずかな固定的観念と期待をもつようにし、現実性を受け入れる
- 自分自身わずかしか重視しない、誤った自慢を体から離し"謙虚"を学ぶ

3）待機的・再生的なストレスマネージメント

　この場合、生理学的また心的なストレス反応の調節と統制が前面に立つ。反応確認の克服は、不安、怒り、責め、いや気、病のようないや気の強いストレス情緒、そしてこれらを伴いながら苦しめる生理学的な緊張状態を肯定的に作用するすべての試みを、しかも大抵集約減少の意味において含んでいる。情緒調節する克服は、否定的な感情の減少に制約されるばかりか、それを超えて肯定的な感情品質（例えば自慢、喜び、感激、楽しく経験した緊張のように）も努められる。ここでさらに、短期間の軽減や緊張緩和のため緊急のストレス反応の抑制を狙う（待機）、このような克服の試み、ならびに、規則的な健康の回復や緊張の緩和に役立つ（再生）、むしろ長期間の労苦との間が、区別される。

短期間の待機的なストレス克服にとっての例

- 向精神薬の服用

11章　負担の克服　　141

- 気晴らし（例えばテレビ）
- 身体的活動による気晴らし
- 負担を軽くする会話を導入する。慰めや励ましを求める
- ちょっと緊張がほぐれるように、意識して息を吐く
- 自分でちょっと良いことをする

長期的再生のストレス克服にとっての例
- ホビーを追求する
- 緊張緩和運動の規則的実施
- スポーツをする

　個々の具体的な克服反応は、その際記述した克服機能の一つに先験的に分類されず、むしろある場合には問題調節に、また他の場合には反応統制あるいは認識に関する改造化また距離を置くことに役立つ。管理する従業員の怒り発生は、例えば精神分析の方法としてのカタルシスの重荷を降ろすことを目標にする（待機的）のと同時に、協働者を大きな労働配置に要求する（手段的）ことも同

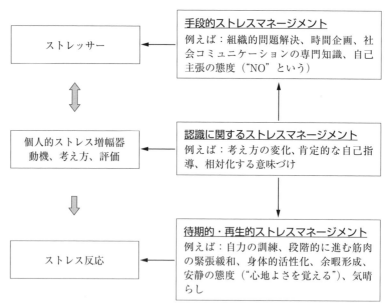

図11-1　個人的なストレスマネージメント―個人は何をすることができるか

様に意図することができる。夕映えのクロスカントリーは、身体的な解除反応にも認識に関する引き離しにも役立つ。一つのそしてその同じ克服形式の機能は、状況による関係に従って様々に変わる。ある緊張緩和練習は、例えば一度は補整的な健康回復のため、他の回は間近に迫っている給付要求の克服のために、はめ込まれる。友人との会話は、情緒的な解放と気晴らし（待機的）、あるいはある問題の解明（手段的）、あるいは（認識に関する）視点交替の目標によっても導かれる。決定的であるのは、ここには意図があり、それによってその時々の克服反応が挿入されることである（図11-1）。

　例えば、個人的なストレス克服に対する可能性のパレットがいかに広いか明らかにする。ストレス概念の下で持ち出される要求状況に関する大きな異質性に、同様に大きな克服労苦の多様性が相応する。のちに、良くて、効果的な、全く健康促進のためのストレス克服が、一体何の意味をもつのかというの質問が提示される。次節ではこの疑問に対する経験的な研究の成果をまとめる。

2. 効果的克服とは何か？―個別的克服形態の異なる効率性[2)]

　可能な克服戦略の大きな多様性を目前に、その異なる効率性への問題が提示される。どんな克服戦略であるか、健康を促進ないしは維持する、そしていずれが身体的な精神的福祉の侵害や邪魔につながるのか？　ことによると克服戦略はあるのか、短期的には改善に、長期的には健康状態の悪化あるいはその逆に？　健康の観点の下で、克服の待機的形態は手段的なものより肯定的に評価される？　短期的には、いずれの方法で人は健康の利害において負担と対決する？

　この問題の答えはもちろん、毎日の負担との交わりの改善を目標に持つ、健康促進プログラムの構想のために大きな意味がある。その間評価的な先験的固定記述を放棄しながら、個々の克服形態の様々な有効性を経験的方法で探す、多くの研究が存在する。現在の研究実務においては相関的な横断研究が優勢で、わずかに、将来に見込める縦方向研究があり、それらでは個々の克服形態の特徴が、ほとんど広範囲の自己判断基準（兆候リスト、精神状態段階）に関係づけられる。

11章　負担の克服　　143

一貫して効果なく示されるのは―少なくとも期間で―いわゆる"現実逃避の戦略"、現実を逃避する願望ファンタジーの形成で、アルコールや薬剤摂取と結合している。同様に効果がないのは、研究成果にあとから、情緒的負担や緊張から他人に攻撃的にあたり散らすこと。これは人間間の、また情緒の性質（罪悪感）の広い負担をつくる。内部精神の克服形態の場合、とりわけくよくよ思い悩む続ける仕事と、あきらめと結合される自己を見くびり、罪悪感そして自己憐憫は、不利として考察される。

一貫して効果的として示されるのは、それに対して状況の肯定的な新評価、すなわち時間的な比較（例えば「昨年と比較して私はどうだろう？」）と、社会的な比較（例えば「他の人と比較して私はどうだろう？」）と同様にかつ積極的に、問題解決を中心に据える行動である。後のほうはもちろん、そこで客観的に該当者にとっての統制可能性が与えられる、このような状況のためにのみ示される。

かくして、克服行動の特徴として、そこで事実上何ら固有の統制可能性が与えられない状況における健康な人の克服態度の特徴として、変えられないことに甘んじる可能性も示す。これは、一般化される消極的なあきらめの態度と取り違えられない。マルチン・セリグマン (1979) は、"職業訓練を終了し頼るもののない"彼の仕事において、いかに早くそして出来事に関しての非統制可能性の繰り返される経験が、認識に関する期待態度、すなわち自己の行動はのちの状況にも目的がないであろうことを、型押しすると証明した。実際存在する状況統制の可能性は、それによってもはや適当に認められ利用されない。心的に損なわれた、特にうつ的な人間はこのような一般化した"頼るもののない期待"によって特徴づけられる。肯定的に形成され、自己の統制可能性を時折の状況に相応して、現実的に評価しうる能力と首尾よく克服行動が結合される。

危険をかわすことが荷重になっている状況において、前もってあるいは回避また否認を含める"防御的な戦略の"効果性は、区別して考察される。様々な診断グループにとって、病にかかった人は健康な人よりより強い回避傾向を示すことが提示された。これによって、負担の源泉を結局無効にし、あるいはそれについて統制に至ることは、彼らにとっておそらく成功はまれである。しかしこれは、負担水準の慢性的な向上および相応する長期間の生理学的な過剰活性化の危険を、彼らの健康障害の結果とともにもたらす。他面では生活パート

ナーあるいは重い身体的な疾病の損失のような容易ならぬ出来事の克服のための研究は、回避・否認する戦略が全く少なくとも短期的には効果的であることを示す。一方それらは、該当者が苦痛あるいは悲哀の圧倒する感情を目のあたりにして崩壊することから守る。このような出来事の克服のプロセスにおいて、防御的な戦略は現実性援助や積極的な克服の試みと入れ替わりで必要な歩みを完全な再適用にまで描く。激しい悲しみから被った損失に従った克服の場合、特に長い期間にわたって及ぶ緩やかなプロセスは、損失の否認から実現までに関することである。

"表現力に富む戦略"（荷重のかかる感情の抑制対表現）の効率性に関して、多くの疾病を豊かにする中で、病んだ人が欲求不満あるいは怒りを生じさせる人間間の状況で、怒りあるいは攻撃の言い方のための軽減した傾向、あるいはまた全く一般的に情緒的な表現準備の不足を示すことが、一致して起こる。不足する情緒的な発散反応、かくて広く行われている声明は、長期に支えている病原性の生理学的な活性化に導く。もちろんこの"精神分析の方法としてのカタルシス"仮説にとっての経験的な証拠は、これまでわずかしか確信されていない。かくして、上ですでに言及したように、多くの研究において、統制されていない、いらだった攻撃的な他人への感情を行動に表すことには、効果がないと判明した。ウェーバー（1993、1994）による怒りの克服のための包括的な調査に従うと次の結果にいたる。およそ、怒りを呼び起こす人間、自分自身、第三者あるいは対象に対して向けられる"対立する"反応は、怒りを保存して健康であることを妨げる。これは、例えば"怒りを打ち明ける"反応形式にとって、"怒りを自分に食いこませる"のと同様に適用される。それに対して肯定的なすべては、怒りが終わりに寄与する克服形式に対して効果を発揮する。これはオープンな、解明に向けられた対話によるのと同様の気晴らし、解釈を変える、ユーモアによって起こりうる。この視点は、怒りの克服や噴門脈管の反応性のための精神生理学上の成果によっても支えられる。情緒的な抑制や怒りの抑圧は、経験的な負担状況において緊急の血圧上昇と結合された。これによって、長期の構造的な変化は、器官系において引き起こされ、それは次いで慢性的な高血圧を維持する。それに対して怒りの表現は、敵意をはらんだ態度の形式で心拍数の緊急の上昇を引き起こした。それによって一時的に心臓の酸素供給が

阻害され、器官の内壁が害されて動脈硬化症が助長される（フェーゲルとステプトエ、1993；フェーゲル、1993）。かくして、怒りをぐっとこらえるも、敵意のこもった行動に表すことによって発散することにも同様に病になりうることにも見せかけの逆説が生じる。双方の戦略は、もしそれが厳格にまた型どおりに挿入されると、それにも怒りそのものをも基礎づけているコンフリクトをはがすことに寄与しない。

　フローリン（1985）は、それに対して感情表明の社会コミュニケーションの性格を強調する。不足する感情表明は、およそ人が、このような詳細な説明をあえてするために、自分自身不安であるので、あるいは個人が付加的に負担をかけるだろう他人の反攻を恐れるので、あるいは個人が感情表明を伴って歩く短期の、おそらく不快な体験による興奮状態の上昇を避けたいので、一面で先取りされた人間間のコンフリクトの回避に役立ちうるだろう。ただし、それによっても、このコンフリクトは切り離されず、そのまま興奮状態上昇の負担源としてさらに存在する。怒り、ひどい不満あるいは自尊心の傷つきを示さない者は、それによって争い、生じうるさらなる怒りを避ける。存在するコンフリクトはこうしてさらにくすぶり、ますます生活と体験領域が"思い違いのように"現れ、しばしば威嚇的な危険の頻度の状況が身体的過激活性化に導く。肯定的に形成された、効果のある（社会の負担状況の）克服は、個人が自己の感情を現実に順応して表現し、自己の利益を適切に代表してコンフリクトを積極的に解くという位置に移す社会的資格を前提にする、という内容である。

　他面では、感情の表現は本質的に、負担の場合において、同時に強くそして長く続く負担を目の前にしても抵抗力が高まり、社会的援助システムを形成する支援や援助を個人に与えうる信頼に満ちた社会的な関係を組み立てることに寄与する。その限りで不足する情緒的な言葉の準備は、予防的な克服態度の不足として考察されうる。

3.　構造的ストレスマネージメント[3]

　構造的ストレスマネージメントは、個人の直接の影響領域の外部にある個人を超えた負担の構造の変化を目的にする。構造的ストレスマネージメントも、

個人的な克服努力と同じようにすべて3つの段階に投入する。

・ストレス要因
・調整と評価
・ストレス反応

次に経営の保健衛生促進のため、構造的なストレスマネージメントにとってのいくつかの手掛かりを例として示す（図11-2）。

物質的（例えば騒音、チリ、空間的な狭さ）また社会的な環境（例えば不透明な情報、コミュニケーションおよび意思決定構造、不鮮明なヒエラルヒーおよび特別報酬システム、職場での社会的コンフリフト）における潜在的ストレス要因を減少あるいはまったく排除することは、保健衛生促進の構造中心に配列する手掛かりの中心目標である。負担の単なる除去を超えて保健衛生促進の形成、例えば作業任務、作業組織および職場での社会的な関係の形成に努力される。伝統的、技術的そして医学的な労働保護と並んで、この場合の組織発展の戦略では、その戦略に該当者自身が積極的に保健衛生促進の構造を形成するプロセスの中へ参入する。ある特殊な、その間に実証済の多様な手段を、その際に名を挙げられた保健衛生

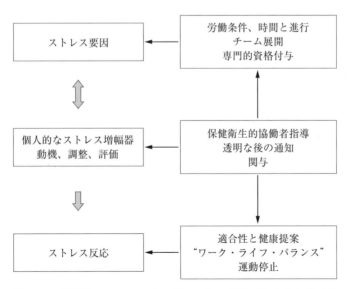

図11-2　構造的ストレスマネージメント―企業は何をなしうるか

サークルが調整する。ひとつの意義のある補足は、特定の新しい労働要求にとって専門的な資格化のための継続および一層の教育提供によって、この構造的な対策、チーム発展およびコンフリクトマネジメントのため、ならびにわかりやすい後の報告および評価システムの設立化における対策を見る。

　柔軟なそして創造的な労働条件や時間の形成によって、十分に家族や社会的な接触および職業外の再生の活動力の保護のための自由空間が、いつまでもあることが保証されうる。

　"ワーク・ライフ・バランス"や"家庭にやさしい企業"のようなスローガンは、まだ小さな、しかし柔軟な労働時間モデルによって、企業からいわゆる"サバティカル"の提案まで、あるいは例えば児童養育サービスの提供によって成長する企業の数は、家庭や職業の調和を容易にすることを試みる。運動休憩や運動プログラムあるいは緊張緩和トレーニングならびに経営内の"健康提供"の参加のための刺激システムの採用も、経営における一つの構造的なストレスマネージメントの一部である。このような構造的な対策によって、待機的再生的なストレス克服のための個人的な苦労は、有意義に支えられまた容易にされ、やっとできるようになる。

　物的、組織的そして社会的な労働関係を超えて、構造中心的な手掛かりにおいて、結局それによって保健衛生に害がある個人的な負担の克服、およそ用量を計らず、長期に反生産的な給付行動の形において要求されそして報われる、このような個人を超えた基準および企業において明らかなあるいはひそかな特別の報酬システムに関する、反省や変換も重要である。決定的なのは、この場合の指導文化の発展は、その中での協働者の保健衛生の促進が、指導課題として理解されることである。完全主義の統制野心および労働異常欲求の傾向の相対化ならびに期待外れに関する構造的仕立てのための個別の努力は、相応のわかりやすい指導原則と行動によって決定的に支えられる。

　経営のストレスマネージメントの例は、非常に個人的かつ構造的な介入が、様々な段階で、互いにいかに入り混じっているか、また互いに関連しているかを明白にする。行動や関係の弁証法は、もし構造に向けられ、もしくは個人に向けられた対策が、統合されて実施されるならば最も簡単に対応される。

148

焦点

　ストレスは至るところで作用する。身体的、精神的、社会的そしてまたドラマチックな結果を持つ。もし自分に気をつけて、早期警戒の合図を知っていれば、多くの"ストレス症状"に見舞われたとしても、さらに進行する重要な問題および疾病を適宜に予防することができる。

【注】

1）Gert Kaluza, *Stressbewältigung,* S. 50–53.
2）Ebenda, S. 53–55.
3）Ebenda, S. 56–57.

12章

ストレス、自分の弱みを突かれる

1. 生理的前提

　人は、古くから外界のストレスに対して、脳の指令によってストレスホルモンを分泌し、体に変化を起こすことで調和してきた。また、適度のストレスは脳の活性化を助け、生きる強さを与えることが実証されている。

　今日、ますます多くの人がストレスで悩んでいる。仕事には高い要求が求められ、競争の圧力の中で時間的に高い給付が求められる。

　人はそれぞれ自分なりの基準値を持っており、何かをなすにはそれなりに感じる。組織目標、ことに不得手な仕事を達成するため強い緊張感の中で、同僚や得意先との調整につまずき、ノルマの達成が危ぶまれる。不安に駆られることから、通常の場合に身体全体としての調和がとれていても、当然崩れることがあるのは明らかである。

　悲しみや不安といった感情を抱くと、自律神経の交感神経が緊張する反応を起こす。まず脈拍が速くなって自律神経の交感神経が緊張し、そこからさらに2つの反応が起きる。一つは白血球に顆粒球が増える反応で、その結果、活性酸素が増加して全身の細胞の組織破壊が起きる。もう一つの反応は血管が収縮する反応で、その結果、血流障害が起きる。

2. 自分のストレス要因をコントロールする[1]

　人体の構造や機能を論じるとき、機能のほとんどが不随意、すなわちわれわれにはコントロールの効かないものと思われていた。ストレスの研究で立証されてきたのは、不随意の機能は自律神経系によってコントロールされるという

151

ことである。その例として心拍数、血圧、呼吸数そして体液の平衡がある。このコントロールは、自律神経系の2つの要素（交感神経系と副交感神経系）により維持される。一般的に、交感神経系はエネルギーの消費の亢進（例えば呼吸数の増加）にかかわり、副交感神経系はエネルギーの節約（例えば呼吸数の低下）にかかわる。

われわれがストレッサーを感知すると視床下部によって交感神経系が賦活され、次のように身体を制御する。

①心拍数の増大、②心拍力の増大、③冠状動脈の拡張、④腹部の動脈の収縮、⑤瞳孔の拡大、⑥気管支の拡張、⑦骨格筋の収縮力の増強、⑧肝臓からのブドウ糖放出、⑨精神活動の増大、⑩骨格筋内の深部細動脈の拡張、⑪顕著な基礎代謝量の増加

人体の構造や機能は、われわれの意思ではどうにもならない不随意なはたらきによってコントロールできないことがある。

ところがその不随意な機能であっても自律神経系によってコントロールされている。「不随意の」人体の機能を随意的にコントロールするのは、生体の内部機能の維持に必要な血圧、血糖値、体温、消化吸収などの機能であり、無意識のうちに自動的に調節されている。

さらに重要なことは、自分の生理をコントロールして自分自身を病気にしてしまうことがある。例えば、仕事のことでうまく進まないと落ち込んだり、失敗して無力感に襲われることがある。その時の生体は脳に感情的な反応を引き起こした状況であるから、そこに現状を正確に把握した思考系のはたらきを対応させる必要がある。

これによってバランスをとって病気を自分でコントロールすることができる。嫌だとか不快の感情は大脳辺縁系にある偏桃体で生起するから、前頭前野で論理的に思考することによって調節する。脳の処理法によって予防することができる。

交感神経と副交感神経の2つのシステムは、一般に互いに拮抗しているが、例外もあり、交感神経のみにより影響が及ぼされるもの（例えば感染や血糖）と、副交感神経のみにより影響が及ぼされるもの（例えば目の毛様体筋）がある。しかし、一般的には副交感神経系は弛緩反応に関与している。

3. 自分のストレスに向き合う

　ストレスとは、いったい何なのか？[2)]ゲルト・クルーザの『ストレス克服』（Gert Kaluza, *Stressbewältigung*, S. 181-195）によると、以下のように概略できる。

ストレスとは一体何なのか？

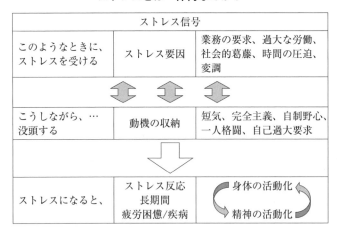

身体ストレス反応の２つの軸

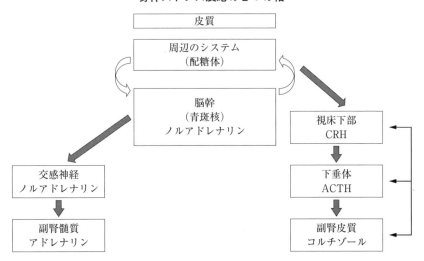

ストレスは脳で発生する

ストレスを通しての健康危機
・引き下げられない身体的興奮 ・持続的な負荷および不足する健康の回復によって慢性的に高められる活動水準 ・長期に弱められた免疫力 ・増加する保健衛生上のリスク実情

長期の慢性的ストレスによる主な疾病

心臓循環	突発性の緊張過度、冠状血管の心臓疾病、心筋梗塞
筋肉	頭、背中の痛み、"軟部リウマチ"
消化	消化の障害、胃腸潰瘍
代謝	高い血糖値レベル/糖尿病、高いコレステロール値
免疫システム	外部（感染、エイズ）や内部（がん）の影響に対する免疫力の低下 外部（アレルギー）や内部（自動免疫疾病）の影響に対する基準を超える免疫力
痛み	低下する鎮痛耐性
性欲	リビドー喪失、周期阻害、不能症、精液成熟の障害、不妊症

燃え尽き症候群

身体による燃え尽き 　＞情緒による燃え尽き 　　＞精神による燃え尽き 　　　＞社会による燃え尽き

職場でのストレス

時間および期間圧迫	50 %
あまりに多い仕事	39 %
困難な仕事の任務	21 %
職場消失に対する不安	25 %
上司による問題	20 %
新しい作業および技術の導入	17 %
仲間との諸問題	16 %

職場での精神的・社会的負担

・上司やまた仲間を通しての不足したあるいは不十分な情報 ・不明瞭な目標基準 ・業務の不足する認識（何ら積極的なフィードバックがない） ・自己の優越を実施しうることなく、任務を積み重ねられる ・何ら会話がない、あるいはあまりに少ない会話 ・事前の申し合わせや準備なしに予想していなかった労働状況の変化 ・職業上や私的な領域における難しさのために、上司や仲間の理解不足

文明化—ストレス要因

・可動性要請（"交通ストレス"）
・騒音
・人間密集と孤独
・あふれ出る情報

ストレスと家庭

・混合負担
・病気の家族の介護
・伝統的役割に対する理解の崩壊
・家庭のきずなの浸食
・空間的狭さ
・財務的負担

個人的ストレス増幅器

・自己の限界を誤解する（すべてのものを一度にしよう）
・完全主義
・"固定的"観念：世の中は、そうあるはずではないなら、災難である
・"行儀のよい子"："それはすべて満足しよう"
・他の人間に対する非現実的期待
・頼るものがない、また希望なしの考え方（"犠牲"）
・すべてをみずから成しうる要求
・逃げ場なし：心のうつろな、意味のないことや寂しさからそらすストレス

ストレス激化の思考様式

・好ましくない出来事/体験の選択的知覚
・好ましくない出来事/体験の選択的一般化
・大げさ化：好ましくない出来事の結果は過大評価される
・個性化：すべてが自分に関係する
・"ねばならない"思考：願望は絶対的な要求に乗り越えられる

ストレス克服のための３つの方法

①手段による：外部の負担要素を減らす
②心理的認識に関する：ストレスを悪化させる考え方や評価することを変える
③待機的・再生的：身体的なそして精神的なストレス反応を和らげる

【注】

1）服部祥子・山田文美雄監訳『包括的ストレスマネジメント』医学書院、2006年、20-23頁（Greenberg, *Comprehensive Stress Management*.）。
2）Kaluza, *Stressbewältigung*, S. 182-195.

13章

自分をつくる―ストレス克服戦略

1. アンチストレス戦略[1]

ストレスの中で多くのことを病んでいる者は、個人的なアンチストレス戦略を展開すべきである。ここで、個人的なストレッサーを見つけ出し、漸次狙いを定めて取り除くことが重要である。

最初の視点として、われわれは2つのストレッサーのを区別する。

・時間の圧迫、職場の命令、荷重がかかっている金銭的な背景状況等のような外部のストレッサー

・自己の（過度に高めている）責任感、失敗あるいは喪失感、競争感等のような内部のストレッサー

外部と内部のストレッサーを区別する

外部のストレス装置の作動は、当然容易に認識される。あなたは一番先に時間とエネルギーを効果的に投入してそれらに対処する。これは"最適化された自己マネージメント"と言われる。そのことについては後述の、1) 自分のアンチストレス戦略を立てる、の項で詳細に説明する。

内部のストレッサーはきっと理解するのが難しい。しかし一般に責任を他人に転嫁するのは非常に容易である。むしろ上司、パートナー、児童、従業員、バス運転手、清掃員等は、それが目下のところ、あなたを追い詰めているのが自身の完全主義であることを自ら告白するより、あなたがストレスに陥ったことに義務を負っている。ここではそれ以外に準備したり、移譲したりあるいは後に延ばすのは簡単ではない。しばしば、ストレスの知覚や過剰要求を呼び起こす、自己のはっきりしない感情がある。

しかしこのようなストレス装置作動も効果的に止められる。もしあなたが規

157

則にのっとり意識してリラックスし、内部の価値を思い出すなら、やがて、非常にわずかしか内部の緊張を感じないで、快適に給付できる気持ちになることがはっきりするだろう。

個人的な戦略に対する4つの歩み

それぞれについて自分の戦略を見つけ出さねばならない、それには何ら一般的に有効な手引きはない。それゆえあなたはまず自分の個人的なストレス装置の作動について、正確な事象を手に入れるべきである。

課題：あなたは自分を観察する

あなたは1日または1週間自分を見守り、できるだけ多くの状況について、その中であなたが緊張した、あるいはストレスを受けた感情を書き止めなさい。それから、あなたは、この状況の間の共通点を発見することを試みなさい。どれが外部もしくは内部のストレッサーなのか？

確かな時間に従って自分の個人的なストレスパターンがはっきりする。次いであなたはストレス装置を作動させる状況についてますます早くそのものとして認識し、作動の邪魔をする。

こうしてあなたはみずからの個人的なアンチストレス戦略を発展させる。

1　あなたはしばらく自分を見て、正しく個人的なストレッサーがどこに置かれているかを突き止める。

2　あなたは、外部の具体的なストレッサーと、内部の抽象的なストレッサーを区別する。

3　外部のストレッサーを、あなたは改善された（自己）組織によって減少させる。

4　内部のストレッサーを、あなたは規則的な積極的な緊張緩和によって和らげる。

同時にあなたはきっと今みずからの元気のためにいくらかとりかかっている。次の段階においてわれわれはあなたに、いかに最も異なる方法でストレスに対処し、緊張がほぐれるかを示す。なぜならストレス克服にとって全く本質的であるのは、あなたがいかにストレスに対処するか、であるから。極端な努力は必然的に病気にさせない。身体的および精神的な健康にとって危険なものは、誤った考え方である。

あなたが新しい課題の立場および領域を享受するかどうか、みずからの成果の承認をもっぱら他に求めるかどうか、またあなたが運命をいくらか神意にかなったとしてあるいは課題として把握するか―これらの要素はすべて、ストレス克服の場合一つの役割を持つ。

常にあなたの態度はたとえストレスにあるとはいえ、それは変えられないのではなく、あなたはそれを変えることができる！

薬剤は効果があるか？

しばしば大きなストレスの場合、医師から鎮静剤を処方されることで、早く楽になることと思われる。あなたは薬剤を簡単に薬局で買い、直ちに見事なやり方で解決できるそれを常にズボンのポケットにすぐ使えるように持っている。あなたは興奮するかあるいはもはやこれ以上覚えていないくらいに大変になるなら、急いで小さな錠剤を服用すれば、世界は再度正常になる。それでいいのか？　一般的にはよろしくない。確かに、ある薬による処置の効果があり、通用する2、3のわずかの症例もある。例えば、何ら他の可能性が用立てられない緊急の場合において。しかしむしろそれは少数例であろう。

通常は鎮痛剤はむしろあなたにとって不利である。

- 薬剤の効果は大抵もっぱら短期的である。以後の同様な状況において、あなたは再びまったく同じように緊張させられ、そして助けてくれるものはない
- ピルケースの薬による早くて楽な解決法は、あなたが自ら中期に効果的な解決あるいは戦略を熟慮することを妨げる
- あなたは元気のための責任を人にまかせる
- 鎮痛剤は、生き生きすることや反応能力を大抵同時に弱める。したがってあなたは明らかな身体の制限を経験する
- 時間とともにあなたは薬剤に慣れ、その効果が衰える。あなたは少し強さを用いてゆっくりと依存と病的欲求の循環に陥る

多くの場合に有効的かつ効果的であるのは、中期から長期まで有効的な方法を見て回ることで、その助けによって再三再四、自分の力でその制約へのストレスを抑えることで、あなたはその際に内的成長に応じる挑戦に成功することになる。

13章　自分をつくる　159

ストレスに対する緊急援助

あなたはきっと、かつてガムをかむことで心の内に静まりを取り戻した。まったくカロリーなしで？ ここでは、怒り、熟睡困難そして他のストレス症状の扱いを身に着けるために、効果的な技術を見つけよう。

10分の休みで体調が良い

時間的プレッシャーがますます大きくなるときに、あなたが規則的に休息のためいくらか時間をとることは重要である。それはさしあたり矛盾していると思うかもしれないが、よく熟慮すれば、あなたはちょっとそのことに正しさがあることに気づくだろう。なぜならあなたの時間について外部からの多くの要求があるので、もはや自分ではどうにもならないという感情を持てば持つほど、それにもかかわらず、自分の優先順位に従って移る経験がますます快い。それが1日にたった10分だけでも。

あなたは10分の休みによって、—それが正しい様式で作られるなら—1時間の昼寝をしたのと同じ休養を経験しうることが科学的に立証される。

時間投資—時間獲得

この10分は、全く意識してスイッチを切るために規則的に自分に快く与えるべきだ。それによって多くの様々な可能性が用立てられる。あなたが学び一貫して練習して覚えた緊張緩和の方法を利用することができる。あなたは、この章において詳細に記述されている小さな急ぎの対策と同じように間に合わせることができる。それにもかかわらず、もっぱら、あなたはそれを規則通りに行うことが重要である。

もしあなたが自分のストレスに真剣に向き合い、そこから出発するなら、できるだけすばやく取り掛かるべきである。

課題：小休止を取る

あなたは、1日のうちで10分間をもっぱら自分一人のために確保し、この時間に、自分にとって良くなる何かをする。そうすればあなたはその後でより気分よく、またより緊張緩和の気持ちになるでしょう。ノートに何をしたのかを記入してください。

あなたはこの小休止を次の日からも規則的に取り、ノートにあなたがいつも自分の緊張をほぐすために何をしているのかをしっかり記録してください。

160

重要なのは、あなたがこの小休止をまた本当に実行し、あなたの核心を決心できないのではないこと。もちろんあなたはこの時間に一つをあるいは他を片づけあるいは先へ推し進め得ることができるだろう、しかしもしあなたは—良心にやましいことなく！—ちょっと切り離されるなら、あなたは引き続いて新しい力によってますます効果的にさらに働くことができる。

休憩をうっかり長く取り過ぎて、あまりに多くの時間を無駄にすることを恐れる場合、一度次の方法を試してください。

・10〜12分の短時間で鳴るように、目覚まし時計のアラームを合わせる
・あなたはラジオを聞くなら、例えば報道前のCMを緊張緩和に使い、報道ニュースの場合ふたたび昼間の意識に戻ることができる
・最も気持ちがよいのは、あなたにとって、適当な休憩時間があるときに、好きな音楽を選ぶことである

それは、あなたの潜在意識がまさにこの音楽に慣れていて、時間の経過において休止と緊張緩和に感情と結びついているという利点を持つだろう。それによって望ましい効果がおのずと強められる。

あなたの身体はこの小休止を享受する。特に、もし休止が労働時間の途中に行われるなら、あなたの身体は労働日をあなたに、たとえあなたが耐え抜きまた夕方30分早く仕事を止めるとはいえ、より多く感謝するだろう。

正しいバランス

生活における多くのものには二元性がある—昼と夜、理論と実践、冬と夏、潮の干満、男と女—それぞれのペアは平衡を形成する。いつまでも他のものなしに何らの極はない。

仕事とプライベート、労働と余暇ならびに緊張（ストレス）と緊張緩和という極性についても、同様な状況にある。ここでも平衡はつくられねばならない。われわれは永続するストレスの下に生きているのではない。それに対応できるようにわれわれの体は準備されていない。もし平衡が良い体調から陥るなら、われわれは調和がとれていないかあるいは病気になる。まったく同じように誰か通常の場合に、絶え間なく完全な緊張緩和においてとどまることができる者は（おそらくヨガあるいは解き明かされた者以外には）わずかである。そうすると刺激、活性化、生きていることに欠ける。肝に銘じるべきことはここで〝バランスを

とること" であろう。両極間を意識し、目標にかなったあちらとこちらの間を行き来する振り子である。

> **課題：あなたは緊張がどれくらいほぐれる？**
> あなたは "仕事・プライベート" の表を作成し、両方の項目について、何を、通常の日に/通常の週に/用事をする（しなければならない）か、普段どれくらいの時間をそのために費やすか記入してください。
> また自分を1週間観察して、いかに1日を過ごしたかを毎晩振り返って記録してください。あなたは、どれくらいの時間を事物に使って、その場合にどれくらい体力が回復するか、あるいは緊張がほぐれるかを正確に記述してください。

おそらくあなたは、緊張緩和に関係しなければならない状況は、日々のごくわずかな部分でしかないことを確認するだろう。その時あなたは切実に健康のため何らかの企てを開始すべきである。

警告シグナルに注意する

もしあなたが継続して相変わらずストレスにさらされ、内部の平衡を何ら見出せずあるいは確立できないならば、1日全体であなたの身体は過剰な要求にさらされる。多くを聞き漏らしまた見落とす、きっと最初の小さな警告シグナル―神経衰弱、睡眠障害あるいは消化不良―が、疲労と回復間のバランスがもはや適合していないことを伝えてくる。

あなたはこれまでのように、何らかの薬剤によっておそらく症状を統制しながら、簡単に生活を続けることができる。しかしあなたは自分自身で何かをしてみるだろう。なぜなら確かにそれによっても緊張と緊張緩和との間の何らかのバランスを依然として取り戻せないからである。まさに今それこそが重要である。

おそらくあなたは、次の項目において紹介する刺激や練習のすべてを到底約束するわけにはいかない。しかしそれはまったく通常である。人間は、緊張を扱い、それらを再び解明するための自己の方法をもっている。そしてあなたも一つあるいは他の方法によって非常に良くうまくやっていく。他の考えによっては何ら取り掛かることはできない。

あなたはわずかな実験をしなさい。自分が言及するものを試しなさい。そして時の経過において自身の、全く個人的な緊張をほぐす可能性のレパートリー

をまとめる。あなたが実際に気に入るもののみを続けて、自身の毎日に組み入れるだろう。

　もしあなたは実際に、毎日 10 分間、自分の内部の健康のため、給付能力維持のために受け入れるなら、それによって最終的において時間に勝つことになるだろう。あなたは目覚め、メンタルに耐久能力があり、全体で落ち着いているだろう。規則正しく意識された緊張緩和は、本当の奇跡に作用しうる。重要なのは、あなたがそれを始めることである―最善なのは今日から直ちに！

身体的にストレスに対して備えられる

　身体およびその欲求との思慮深い交わりをストレスは確かに除去することはできない。特に外部から来るストレスには。しかしストレスは、内部の緊張やそれから結果として生じる苦痛が突然に蔓延しないように振舞う。あなたは睡眠に必要な課題を気にせず、いくらか健康のために栄養を取り、時々わずかに運動する限り、きっと自分の身体があなたに短期の強い要求をする場合にも、それほど早く見捨てることのない重要な前提を創造する。

あなたは眠って体調がいい！

　最も簡単な方法として、睡眠をとれば緊張が和らげられる。もしあなたが明日十分に睡眠をとりそして回復して目覚めるなら、あなたは、日々の課題を平静に抑える最善の前提を持つ。

　健全かつ規則的な睡眠は、免疫系を強くし、また病気への抵抗力が弱まることを前もって防ぐ。したがってあなたにも日々のストレスは少し安易に思われるだろう。もしそれに対して寝不足で疲れ、十分に睡眠をとらずに新しい 1 日に入るなら、あなたには最も小さい些細なことが、迅速に大きくほとんど克服されない負荷のように前に出てくるだろう。

課題：あなたの睡眠習慣を記入してください

　あなたは一度、実際にどれくらい睡眠をとっているか、1 週間にわたって観察してください。時間を記録して、いつも十分に睡眠をとっているか、そして体調がいいかどうかも確認してください。

　もしあなたが緊急のストレス段階を、早くはっきりと和らげたいなら、ただちに時間をとって、夜にはおよそ 30 分から 1 時間普段より早くベッドに入ることが、最初の一歩となろう。あなたはこの"贅沢"にを心地よくなるだろう。

13 章　自分をつくる　163

たとえさらに重要な労働があなたを待っているとしても。あなたの身体はそれを感謝し、翌日には新鮮な力で自分の仕事に向かうことができるだろう。

すぐに眠ることができない場合には、自身の労働あるいは何らかの問題についてあれこれ思い悩むかもしれない。ワクワクさせる本を読むか、美しい音楽を聞きなさい。それに合わせてベッドに入り、現実は仕事じまいにしなさい。心配事のない、リラックスした就寝のためのさらなる助言については、次節において取り上げる。

ところで、静かな、意識的な緊張緩和に対してテレビ番組は著しく悪い。なぜなら大抵あなたは、みずからおよそ現実に受け入れ、ましてや享受することなく、もっぱら散水されるからである。この上、大抵の夜間の娯楽番組は緊張を和らげず、また特に好みの難しいことになる。多くの宣伝歓談は、その上さらに多くの刺激氾濫を心配する。

運動は始めそして整頓である

どんな睡眠に効果があるか、話題の運動にも通用する。この領域における規則的な関与によって、あなたはストレスをきっと著しく和らげるだろう。正直に答えてほしい。スポーツをしているか？ いつもか？ 楽しんでか？

多くの可能性がある。協会、フィットネススタジオ、市民大学あるいはまた自分一人でスポーツをする。

そこでは確かにそれぞれの趣味、金銭および時間の希望が、いくらかその際に前提にされる。このテーマはあなたにとって十分重要である。

おそらくわれわれはあなたに、いずれの健康的な利点、もしあなたの身体が運動によって体調が良くなれば、その利点を話す必要はない。しかしあなたはまたきっと、スポーツをする間、仕事あるいはストレスについての考えが突然に吹き飛んだようだと、かつて感じたことがある？ あなたの精神はある意味で一つの小休止をもらう。その間精神は毎日の緊張や不安にもはや集中しえない―精神が常にある事項にのみ取り組んでいるから。あなたは一度2つの異なる事項を現実に正確に同時に考えるよう試みなさい―それは不可能である！あなたはそれをこの双方の思考を短く相前後してつくり出す。

そしてこのようにあなたの精神は、スポーツをしている間に、運動経過を調整するのに没頭する。あなたは練習指導者の指示に従い、運動経過の繰り返し

を思考において数え、あるいは競技経過に集中する―そしてそれゆえあなたの
精神はこの時間において、心配したりあるいはいくらかストレス的であること
を考えること以外、何ら思考力はない。

もう1杯のコーヒーよりむしろ1回の散歩

スポーツをしながら、われわれは必然的に能力あるいは団体競技を理解しな
い。基礎においてそれはまた、日常的に30分間テンポの速い散歩をすれば十分
である。身体が運動している限り、精神もさびつかないあるいは一つの問題に
縛られない。外部が生き生きしていることによって、その上しばしば運動も立
ち往生した思考経過。酸素がこの時間の間あなたの脳細胞に新しいエネル
ギーを与えることは全く別に動く。

もしあなたは身体の緊張を緩めてもまた使い果たされたと感じるなら、次の
刺激を自分のために試してみなさい。

・昼食後に軽くできるだけ足早の散歩をしなさい。食堂のよどんで濁った空
　気の中で飲むもう1杯のコーヒーの代わりに

・もし嵐が荒れ狂ってよく見えないならば、短い間（10〜15分）しなさい

・早いテンポの音楽に合わせて10〜15分程度ダンスをしなさい

・10分間縄跳びをしなさい

あなたは、その後でたくさんの気持ち良さを肌に感じることにすぐに気づく
だろう。あなたは身体により強く感じ、それによって身体と精神のバランスが
再び平衡を取り戻し、精神的な努力が自動的にわずかばかりの重要性を受け取
り、ストレスが衰えるのを感じるだろう！

栄養助言

前もって述べておくと、一般的な魔術のようなものはない。しかしあなたが
健全に栄養を取るなら、またあなたの身体がビタミンや栄養素を保つ限り、そ
れらを身体は最適な機能のために必要とし、ストレスはそんなに早くはあなた
の健康に作用しないだろう。

栄養専門家は、原理的にストレス時にしばしば小さな食事をとるように勧め
る。緊張している者は、全く食欲がないかまた時間の進むうちますます弱々し
くなるか、あるいは突然に猛烈な食欲が発生し、それに誘惑されて、何らかの
もの（多くは不健康なファーストフード）を腹にむさぼり入れたりすることがみら

13章　自分をつくる　　165

れる。両者の危険をあなたは、少量のスナックでカロリーを規則的に上げるならば、予防できる。もし1日中小さな分量を食べ続けていると、空腹感は和らぐが、突然の激しい欲求に明らかにわずかしか抵抗できない。

あなたの身体がストレスをより良く処理することに寄与する重要な栄養素には以下のものがある。

- カリウムは神経の秩序ある機能を促進する。とりわけ、オレンジ、あんず、穀物、木の実、野菜、鶏肉、ミルクそしてチーズに含まれる
- ビタミンB類は不安状態、情緒の動揺および神経過敏に対する抵抗力を高める。それらは魚、アボカドおよびジャガイモに含まれている
- ビタミンB_1（チアミン）は抑うつを和らげる。それは米、豆、ヒマワリの種、そして穀物に含まれる
- マグネシウムは緊張に対して身体の一般的な保護をする。それはアーティチョーク、フダンソウ、ホウレンソウ、小麦芽、大豆の種、バナナそして落花生に含まれる

また規則正しく十分に水分をとることを忘れてはいけない。栄養の専門家は毎日2Lの水分をとることを求めている。特に水と果実ジュースは身体を代謝の際に支え、有機的な（そしてしばしば精神的にも）プロセスが常に“進行中”であることを助ける。

1）自分のアンチストレス戦略を立てる

ここで4つの個人的な長期のアンチストレス戦略を確認しよう。

(1) 個人的なストレッサーを認識する

(2) 外部と内部のストレッサーを区別する

(3) 外部のストレッサーは改善された自己組織によって減少する

(4) 内部のストレッサーは積極的な緊張緩和によって限定される

あなたは個人的なストレス要素を見つけなさい

あなたの個人的なストレス要素に対して取り組むために、あなたはまず一度認識しなければならない。一方に人間にとって負荷となるものがあり、他方におそらく通常の日常生活がある。例えば天才的な芸術家あるいは科学者の周りには本、証明書類、資料、取りかかったスケッチあるいは論文の山がある。そ

の部屋の中央に座り、美しい紋切り方の挨拶を、彼はこの混雑の中でほとんどなお一般性を手元におけない。それにもかかわらず彼の労働は上機嫌にまた生産的に成し遂げられる。

　そしてこのように様々なかたちで人間は平穏の中にいる。このように異なってストレス作動装置もあり、それに人間が緊張して反応する。では、あなたの個人的なストレッサーが見る様子をすぐに？　そのことで冷静さを失う？　どんな出来事（あるいは個人）にあなたは"最後の神経"の味をみる？

課題：状況・戦略を紙に書き出す

　通常の労働日に関して、例えば下記のような様子（ストレスの原因）から戦略を立てる。

- ・あなたは早朝25分遅れて家を出る
- ・あなたがやっと事務所に着いたとき、上司は、重要な手紙がまだ読まれていないので怒ったか
- ・新しいプロジェクトの話し合いは最初よりずっと長く会議が続いた
- ・あなたは昼食をとるための時間がほとんどなかった
- ・さらにあなたは帰路で渋滞に遭遇した

ストレスのための原因を認識する

　ほとんど終わりなき話し合い、急いだ昼食に、早朝の遅れ、怒りをあらわした上司に従わされ、最も悪くあなたの感覚の中は停滞した。より正確に仔細を見れば、あなたはおそらく、さらに深くに横たわっている、みずからのストレス感情を作動させた原因を発見する。渋滞ではやっと家に着こうというのに我慢できない、またそのうえ状況をいくらか変えることに無力であるから。話し合いや昼食の場合にも継続して、机でなお待ってできればその日に終えられるだろう仕事の山を考えた。朝の遅刻はあなたにとって悪い良心を呼び起こし、また上司の怒りを"当てにならないこと"に関係づけた。

　確かにここで純粋にストレスの原因として、外部の具体的な要素（時間不足、欠陥組織等）、そして内部のむしろ抽象的な作業装置（不安、不足する自信）がある。

　それに対してあなたは2つの面で介入できる。

- ・一方で、それらをここで詳細に説明するように、改善された外部の組織によって
- ・他方で内部の冷静さと、あなたの創造的な利用可能な力の継続的な強化・

13章　自分をつくる　　167

促進によって

ここで採用された問題は次のように解決される。

・渋滞：公共的な交通手段を利用する

・話し合い：スタート期日を決めることと並行してすぐにも仲間と約束する

・昼食：静かな食事に要する時間を快く認め、また徹底して受け入れる

・遅刻：朝10分早く起き、ゆっくり朝食をとる

・上司：彼が怒って警告したまだ書いていない手紙を、個人的な失敗と説明
　しない

　もちろんこれらの提案は必ずしもそれぞれにとって意味がありまた実行できるとはいえない。しかしそれらは、ここでなされる提示すべきものである（あなたが、いずれの要素〔出来事、個人〕によって圧迫を受け承知される瞬間に、あなたはすでにその克服への最初の歩みを企画する）。

　最善であるのは、あなたが一つの時間を観察し、規則的に、例えば毎晩、この日には2つあるいは3つの集中するストレス要素があったと確認することである。そうするとあなたは正しく早く必要な展望を得られ、それに基づいてあなたは次いでさらなる歩みを企画することができる。また常に、緊張した本当の原因がいずれであったか真相を究明するように試してみなさい。われわれはここでまず第一に職業的な毎日を取り上げる。あなたは任務と熟達を独立に検討し、のちに自分の私的生活についてもさらに取り上げる。そして挙げられた視点をじっくり検討する。

時間をより良く区分する

　もしあなたがこのようなリストを設定したなら、多くの外部のストレッサーの場合、要素時間が重要な役割を演じていることを確認する。より多い時間とともに大抵の時点で、われわれの例からおそらく負担を（それほど）かけられずに作用するだろう。それゆえ、要素時間に関心を当てることに値する。

　時間はあなたの生活における高価な資源である。そして毎日、この時間を意義深く形成する多くの機会を提供する。しかししばしばあなたにはそれが全く意識されていない。外部の進行に緊張を感じ、あなたがまったく影響を及ぼさない周りの事象に、多少ともぎこちなくなすがままである感情を持っている。

　多くの余計なストレスは、どうやら再三再四わずかな時間しか残っていない

ことから発生する。例えば、

- ・平穏に働く
- ・その合間に緊張が和らぐ
- ・実にすべての課題を実現する
- ・時間を静かな食事に使う（あるいはそれを自分で使う）
- ・予測していなかったものに反応する
- ・仲間あるいは他の人間との友好な接触に配慮する

しかしすでにローマの哲学者セネカが考えたように、"それは、われわれが持っているわずかしかない時間ではなく、われわれが利用しない多くの時間がある"。それは、時間をより明白に認識し、よりよく利用することにある。

ついにあなたは大抵の場合、それが瞬間に意識されるかもしれない以上にたくさん自分の時間企画に影響する。

外から内へ

あなたはすべてを綺麗にし、自分の義務をよりよく組織しようと試みるなら、もっぱら外部のストレッサーが減らされるばかりか、自動的に内部も落ち着くだろうことに驚くだろう。

おそらくあなたは、もし"大きな単位"の労働を克服したとき、例えば大規模な宣伝放送、重要な報告、決定的な対話あるいは同様なことであれ、感情が高まることを知っている。これらの課題が果たされる瞬間において、あなたの内部においても軽減や緩和の感情が広く現われる。

それゆえあなたが毎日における構造を細かく調べ、問題の片づけに着手すれば、内部生活への作用もあるだろう。もちろんその逆もある。あなたはますます安寧に給付能力に心の中で感ずれば、ますます外部の毎日における自分の任務をより明確に、そしてより操作できる体験をするだろう。

詳細に区分し、計画し、委任する

効果的な時間および労働企画によってあなたは、ストレスの下にある感情がいかに明らかに和らぐかということに気づくだろう。もちろんあなたは、時間とエネルギーを一貫して扱うことを学ぶために、わずかの時間を受け入れることが前提である。

仕事上のことを私的なことから分離する

　仕事とプライベートの分離が問題であるなら、規律と明らかに規定された制約から築くことが重要である。あなたは仕事とプライベートを互いに区別できるかもう一度調べてください。職場で"ちょっとしたおしゃべり"をしようと、友人の続ける電話をより多い時間で費用が何らかからない—そしてあなたはそれで再三うろたえさせられ、重要な課題からそらそうとする。あなたは再び集中してさらに労働しうるまで、貴重な労働時間が失われる。

　全く同様に重要であるのは、あまりに多い職業的な気がかりや緊張をプライベートに持ち込まないことである。もちろんあなたはパートナーに自分の労働の日常について話すかもしれない。しかし、その際できるだけ何ら未解決の感情は持ち込まないことに注意を払うべきである。

限界はある慣例の助けで築く

　まさに高い職業的な緊張の時間にそれは、あなたがある小さな"慣例"によって目に見える、あるいは感じ取れる心理的障害を、仕事を終えたときや帰宅の間にとどまらせることができるなら、大きな助けになる。

- ・あなたは、帰宅する前に、（パートナーと一緒にでも）15分散歩しなさい
- ・はじめの2、3分間引きこもることで、まったく狙っていたように（例えばわれわれが後述する方法によって）緊張がほぐれる
- ・（場合によってはパートナーと一緒に）静かに一杯のお茶かコーヒーを飲みなさい
- ・あなたはその際、パートナーが耳を傾けてくれるが、しかし彼女/彼は、あなたが事務所から持参する緊張した心の状態には責任がないことを、意識してください

　もしあなたが次いで最も重要なことを平穏に知らせたなら、あなたは、仕事を終えて迎える週末を保養のために考えられることを、再びはっきりさせる。あなたはそのことを守ってください。なぜならこの時間をあなたは真面目に受けて当然であるから！

1日計画を作成する

　明日に差し迫ってくる、あなたが期待するすべてのものは、無意識にはっきりするのだろうか？　とにかく時間はすべてにとって足りないというぼんやり

とした感情にとらわれているうちは、あなたは簡単に緊張に陥り、不安になる。もしそれに対して労働の様式、範囲そして時間的要求についての明白な表象をもつならば、それをうまくこなすことであなたには明らかに容易になる。

ある親しいマネージャーは、毎朝犬を連れて15分の散歩をしながら、その時間を利用して、自分の前に横たわる1日の計画を作る習慣がついた。彼は成しうるものすべてについて、いずれが最も重要でそして最も緊急であるかを熟慮する。こうして彼は、事務所に着くとすぐにいっぱいの感情の高揚の中で重要な任務に取り掛かることができるのである。

多くの場合、このような一つの企画あるいは概観を筆記して作成すること、それはさしあたり非常に役に立つ。あなたには手が届くし、そして容易に変更・改善ができるし、付け加えることができる。

あなたは、一度体系的に何かの課題について具体的に思いつくかどうか熟慮してください。

課題：何が係わっているか、評価してください

5分間あずかってください。あなたは、次の労働日にあなたが片づけられるものを書き出してください。あなたは、思いつくものをすべて書き出してください。

さてこれらの点についてあなたの重要性に従って印をつけてください。1は、いずれにせよ片づけなければならない課題を示します。というのはそれらは締切があるか、あるいはその他非常に差し迫っているからです。2は残りの重要な事項です。3は、厳密な熟慮の上でもなお冷静に書きとどめてはいますが、他人に委任できるものになります。

このリストによって、あなたは明日の仕事から項目を一つずつ次から次へと片づけることができる。

1日計画の利点

・次の日にあなたに与えられるものすべてを一瞥してください。1日の過程において何ら否定的な予期せぬ出来事を体験しない（"それを私は全く考えられなかった！"）

・あなたは重要性に従って一つのリストを作成する。次いで仕事の場合まず現実に切迫する点に集中する

・課題の山を見通すことができることによって、もはやたくさんの緊張やたくさんの不安は解決する

13章　自分をつくる　　171

・あなたが前もって行う熟慮によって、他方に移譲する可能性についてあなたの意識はずっと激しく動く。そして、このような状況にまた容易に自分も興奮していることに気づく
・あなたは個々の活動を果たすべき仕事リストに従って塗りこむ。こうして毎晩、少なくとも成果を目前で確認することができる
・あなたは、どのくらい仕事を成し遂げられるかがハッキリわかる。そして、"しかし再びすべてがそのままである"という感情をもはや続けて持つことはない

このようなリストには、前の晩あるいは労働開始の前に5分程度の時間がかかるが、対象への時間節約は何倍も大きくなる。

時間の節約は、一面ではより良く構造化した組織によって、他面では明白により高い動機づけによって生じる。あなたの労働ノルマが一覧でき、区分されまた個々の課題の重要性に従って整理されれば、それは一つ一つ取り組み片づけることができる—現に、たとえ個々の活動のはっきりしない積み重ねがあなたを期待させ、もしかするとどうでもよい取り扱いにずっと係わり合うとしても、著しく容易に。

あなたの課題を処理するための助言

あなたは生成する課題の企画、そして実施の際次の視点も考慮してください。

・重要なのは、あなたが個々の地位をできるだけ最後まで手入れをすること。着手したけれども、終局的にはまだ片づいていない経過が、潜在意識を非常に忙しくし、精神的な不安を引き起こす。ともかくも片づけることであなたに誇り、満足そして精神的落ち着きの感情をもたらす。したがって、あなたは10の課題を途中まで片づけることより、3つの課題を最後まで遂行する方がよい
・もしあなたが労働過程をより詳細に計画するなら、あなたの個人的な生体リズムも考慮してください。多くの人間は朝の方が給付能力があり、他の人は夜にあるいはそのうえ夜にやっと。あなたは、あなたの能力が1日のうちでいつごろ最高であるか、きっと知っている—まさにその時間に最も重要なことに従事してください。そうすれば最高の成果を達成するでしょう！

・予期しないことのために、場合によっては不和・衝突をやわらげるための余裕も、一緒に計画に入れる。もしあなたが自分の用立てる時間を最後の分まで労働によって満たすなら、その間に生じるそれぞれの小さなことは、あなたの計画にごちゃごちゃに入り乱れてもたらされ、あなたは時間圧迫やストレスに侵される。それに対してあなたに確かな活動の余地があれば、このような出来事を安心して受け止めるために利用することができる。あるいは、あなたがこの活動の余地を必要としない場合には、わずかに先に働くことで、次の日のためにそうした負担を軽くすることができる

目の前に個人的な目標

あなたは、労働開始の前に、いずれが最もあなたの新しいリストで重要な点かを熟慮しながら、自動的に重点を設定する。それぞれの労働日にあなたは2つ以上、せいぜい3つの課題に重要度1にマークする。それが多すぎると、そのほかのすべてを同時に片づけねばならなくなるから。

様々なカテゴリーに整理する場合はまた、いずれの活動が個人的な利益になり、あなたの職業的あるいは人間の発展によって役に立つかを顧慮すべきである。重要な書面をコピーすることは、あなたがこの機会と同時に関心ある内容を一瞥し、そこから専門的な利益を得られるのなら意義がある。しかし、上司からの委託を果たすというだけであるなら、上司のためにコピーする時間におそらく価値はない。あなたはできるだけ、もっぱら不必要な時間を費やすこのような事柄を他人に委任するように試みなさい。

いずれの活動があなたにとって、自身の発展や輝かしい未来のため最も重要であるかをつねにじっくり考え、相応に行動してください。

そのためには、そもそも自分の将来について一つの心像をもつことが前提となる。

課題：あなたは3年の内にどこに自分はいるだろうか？

折があれば30分時間をとり、とことん想像してください。どんな環境・職場であなたは3年を過ごしているか？ あなたはどこにいたいですか？

この状況をできるだけ正確に思い浮かべてください。あなたがそれについて思いつくすべての事柄を書きとめてください。あなたの事業所がどう見えるか？ 協働者は誰か？ どんな労働時間をあなたは望むか？ あなたは一人で働く？ あるいはチームで働きたい？ どんな技術的設備が効果的に働くために必要か？ あ

13章　自分をつくる　　173

なたが毎日の雑事にかかり合わないようにしてくれるか？ あなたは労働の際出
張もしくは勤務地に替えたいか？ あるいは、いつも同じ家、同じ町にいること
を望むか？ この想像では何ら制限を加える必要はありません！

　優先権や自己の職業的な未来の目的にかなった計画をいかに作れるか、適切
な技術により、ガイドブックにおいて自己マネージメントをみつける。

　あなたは自分の希望について正確な姿を持つことができれば、それを目指し
てずっと楽にそして効果的に努力することができる—もしどこに行くか必ずし
も知らずに、あなたは一体フルスピードでどのように走れるだろうか！ この
ようにあなたは時間とともに自身の日々の労働重点を未来のビジョンに関して
設定する。もしあなたが以下の労働日のリストを準備するなら、そのことに乗
り出すことになる。

　　・どんな点で個人的な成長のあれこれの働きが役に立つか？
　　・もしそれが私を目標により近づける、あるいは私を目標から離すことにな
　　　る？
　　・私は、もしそれを自分で片づけるなら利益を持つか、あるいは私が全く同
　　　じように委任できるか？

　この考えによって自分のエネルギーをますます本質に集中することができる。
自分の目標を視線の中で持ち、それに少しずつ近づいていくことにも気づく。

例：他の部門へ変更する

　あなたはある大きな会社で働いているが、他の部門に移りたいと考えている。
もしそれがあなたの目標として明白になれば、あなたは、特に良く、早くそし
て信頼できる仕事を処理する自分の労働力を、この他の部門と関係して使うこ
とができる。あなたは自分の器もしくは机を超えて考えてください。あなたの
労働について、何が他の協働者にとってそこで役に立つか？ 何をもってあな
たの労働経過の関心と理解を説明するか？ すでに今、あなたの専門知識をそ
こで組み入れる一つの可能性があるか？

　おそらくあなたは確かにまた好んで現在の職場にとどまりたいとも考える。
ストレスが明らかに弱まるのであれば。この場合において、あなたは自分の心
の眼の前に、静かに、落ち着いて楽しく労働するイメージを思い浮かべる。そ
れは、あなたが目指して努力しようとする目標心像である。そしてあなたは確

かめるだろう。それがあなたにとって明白であるならば、自分の良くなる様の姿になるだろうと。

あなたは、みずからの労働力を第一に上司のためあるいは会社の生産性のためにもはや投入しないこと。それはあなたの立場に絶えずかかわるということである。

この瞬間にあなたは、"より少ないストレス"という目的のために自分を投入することに、を全く一人で多くの心地良さに感じるだろう、なぜならあなた自身の未来に係ることだから！

そしてこのように目標に方向づけられ、同時に集中して働きながら、あなたが全く自動的に専門的な能力を高めることは、あなたが協働者として柔軟に学びうることを示している。

委任によって時間を手に入れる

前もって計画する技術は、さらなる全く明白な利益を持つ。あなたは、確かに重要性の評価の場合に個々の労働経過を様々なカテゴリー［非常に重要／わずかしか重要でない／気にせずまだいくらか残っている同じもの／あなたが落ち着いて他の人に委任できる］に区分けした。労働の成果や進展がそれによって影響を受けることなく。

最後のカテゴリーはあなたをおそらく批判に招く。あなたはそもそも委任できるか？　あるいはあなたは物事を最善に片づける一人の人間、彼は次いで、すべてが平常な状態にあることを少なくとも確かでありうる一人の人間であるのか？　それであなたは、ストレスを患っていることを不思議に思う必要はない！

しかし、あなたがその確かな課題を他の人に委任する、あるいは置いたままにしておく状況を作り出す瞬間において、あなたには一つの明らかな時間の効用がある！　そしてこの時間をあなたは重要な自由空間として、その他の課題を静かに片づけるために利用することができる。要求リストのうち約10～20％取り除けておくならば、あなたは、どれくらいの時間をそこで突然本質的なものに自由に使えるようになるか驚くだろう！

いくつかはひとりでも片づけられる、あなたがそのことを気に掛けないなら。おそらく明らかになるのは、それは、あなたが受けとっていたほどに重要でな

13章　自分をつくる　175

かったか、あるいは一人の仲間がそれを片づけ、あるいはあなたが2、3日後に
そのための多くの時間をもち、この課題をその後ずっと大きな気楽さで解決す
ることである。

　あなたは、静かにまた時々一人の仲間のところで一つの、あるいは他の技術
に目をそらすことはないか、そのことについてよく考えてください。あなたは
一度、周囲においてどんな出来事が遅滞なくそして効果的に進行しているかを
観察してください、またおそらくあなたは確かにそのあとで、仕事の領域に打
ち込まれる一定の原理を認めることになるだろう。同時にあなたは、もしいく
らか実証済のものを有意義に作成しなおすことが肝要であるなら、あなたの観
察力、本質的なものにとっての"鋭いまなざし"、そしてあなたの創造性を訓
練してください。

　あなたにとってのやりがいがどこにあるか、コピーしてください。そして、
あなたの個人的な強さが認められるそこで集中的に働いてください（そこでは大
抵最善の報酬が支払われる）。あなたは、自分では好んでしないものを委任してく
ださい。もし例えば事務所の職務について報酬がたくさん支払われているなら、
あっさりとより少ない時間給で、自分の家政（芝刈りあるいは掃除のような活動）を、
誰かに従事させることができる。おそらくあなたは、事務所におけるルーチン
活動（ポストへ投函、コピー作成、宣伝パンフレットの封入作業等）についても、時間
単位で関心のある学生などを雇うことができる。あなたはこのようなイニシア
チブによって、明らかに時間を節約し、またあなたの神経をいたわることがで
きる。

課題：自分の強さと弱さを認識する

　あなたは、いずれの分野において自分の強さがあるか熟慮してください。あな
は実際何を好んで成しているか？　あるいは実際何をよく成しうるのか？

　逆に、あなたは何を好まないのか？　いずれの活動を最も好んで継続的に委任
するか（職業において、あるいは私生活においても）？　ふさわしい可能性をあ
なたはどこに見るか？

　あなたは委任することを学びながら、自動的にも自身の義務に従事する。あ
なたは実際自分で何を片づけねばならないか？　それはあなたにとっていつも
明らかになる。

（外部あるいは内部の）義務が少なくなればなるほど、あなたはますます時間を重要なものに投資し、いっそう精神的安静を感じることだろう。

それゆえ、どのような具体的・継続的な義務があなたの側で成立するか、この立場でもう一度吟味する価値がある。

課題：可能性に従って委任する

　あなたは、何のために外部に具体的に約束したか、あるいはもっぱら心的に約束したと感じるか規則的に成すものすべてを書き出しなさい。PTA役員会への参加、パートナーと一緒に1週間ごとの大きな買い物、児童のための"タクシー運転"、経営協議会への参画やしゅうとめのところに義務訪問することまで。

　そして次いであなたは、何をこれらの点について実際に好んで行い、何を委任するかないしは全く解消するかを吟味しなさい。

職業的な課題や、その他の生活重点の明白な（目標）紹介および重要なことに対する精神力の集中は、あなたが、継続ストレスから迅速かつ効果的な、そしてより安静な労働様式に達する助けとなることだろう。

2）労働の楽しみ

もしあなたが何かを喜んでしようとするなら、確かに、まるであなたにとって一つの活動が気に入らないかのように、ストレスの話を急いですることはないだろう。それゆえ、すべてのあなたの任務を喜んでもっぱら果たすことが、全く素朴な処方箋であろう。どのようにして、あなたはこのような積極的な労働見地に到達するか？ 最初の2つの歩みをわれわれはあなたにすでに紹介した。あなたは、時間を重要なことに誘い入れるためにわずかしかない大切な義務から解放される。そしてあなたは個人的な目標に注意して、そのために職務を果たすことで本当に報われる。

後思考の代わりに前方思考

最も近いこととしてあなたがそれに移行できるのは、あなたの労働を、それが何かをなさねばならないときになってから済ませるのではなく、あなたは、外部の要求に常に少し歩みを先んじておこうとする試みである。こうしてあなたは落ち着いて計画することができる。あなたは容易には圧迫されず、また常にさらに小さな時間装置を準備している。

13章　自分をつくる　177

この仕方で内部の抵抗も容易に解体される。あなたは時間にせっつかれてあれこれと片づけるのではなく、それを任意に（かつ喜んで？）今日行なわなければならない。まさにそれによって、あなたは明日それに対して時間にせっつかれることはなくなる。明日あなたはそのときにこの任務から解放されるだろう。そして時間と場所をさらなる前方労働のために持つことができるだろう。

前方思考と前方労働は一連の確信する利益を持つ

・あなたの事実の労働要求には常に小さな歩みが前にある
・いざというときにはあなたは時間調節器を自由に用立てて、その助けによってあなたは予期せぬことを受け止めることができる
・あなたは自分の力をもはや“労働必然”に無駄に使わないで、賢明にそして前方計画をしながら労働しうるために利用する
・あなたの前方計画がより精密であればあるほど、あなたが労働の推移において引き留めるあるいは邪魔をするといった、予期せぬ出来事を体験することはますますまれになる
・あなたは場合によっては起こりうる障害をとらえ、解決のために必要な時間に投資することを準備する
・このようにあなたは任意性や容易さの感情を発展させ、自身の労働の任務を掌握することになる―決してその逆ではない！

それゆえ、労働を前もってなすことは、それに対する外部の事情によって強いられるよりも良くまた容易である。特に、それが日々のルーチン活動にかかるばかりでなく、もし重要な決定を成しうるならば、ストレスのない状態は最善の前提である。

成し遂げるべき課題が大きければ大きいほど、あなたは、あらゆる冷静さの中で決定し、処理する精神的安静を持つことがますます重要となる。ストレスや時間圧迫を受けながらなされる決定は、しばしば誤りあるいは回り道となり、骨の折れる結果を残す。もしあなたがそれに対して静かに熟考して決定するなら、それによってしばしばほとんど最初の、そして最も重要な歩みを、一つの問題の解決のために行ったことになる。

パレートの法則

こうしてあなたはゆっくりとしかし確実に、まず一度自分の課題の量を本質

に限定し、次いで前もって時間を平静に計画し、労働するために分けながら、量からより多い質に到達する。この質は、もし同時に内面的に均衡されたことがやってくるなら、成し遂げられる。目標はついに、あなたの労働をよく分け、成し遂げるので、それはあなたのためにさらに最小限の努力で結びつけられる—それは緊張をほぐした労働を可能にする。

　自由に用立てられる労働時間の区分に従った次の歩みにおいて、必要な活動を同時になおも効果的に片づける。したがってできるだけわずかの費用でできるだけたくさん達成することが関係するあなたは、一度ルーチン活動の一つ(の場合)を観察しなさい。いかにあなたの投入が高いか。その場合に出てくる収益がいかに高いか。

　あなたはある一定の時間において、一定の労働ノルマを片づける。例えば1時間に100の顧客へ手紙を書く、と仮定してください。通常の投入では費用と収益は50から50へという一つの関係によって保たれている。あなたは必要な時間を投資し、努力した成果を手に入れる。もしあなたが新しい領域において働くならこの関係はしばしばずらされることになる。あなたはより高い費用(80)からより少ない成果(20)、でスタートする。しばらくしてあなたは多くを経験し、観察によって学んで改善する。その後60(費用)から40(収益)の関係に達し、さらなる改善によってとうとう50から50へというバランスの取れた関係に届く。

　ここからそのプロジェクトは報われるだろう。もしあなたがさらに良くなるようにそれをやり遂げるなら、あなたは時間、忍耐、労働そしてエネルギーの初期投資を再びかけ、40％費用から60％収益を達成する。あなたはそれが到達する現状を知り、学びさらに問う、変えるあるいは合理化することを。そしてついにあなたは20％投入の場合80％収益を達成する。

　この原理は、その発見者、国民経済学者ヴィルフレドー・パレート(Vilfredo Pareto)にちなんでパレートの法則と名づけられた。上記のように、大部分の活動において、創造性、いくらかの成果そして一貫した効果の評価によって高い収益を上げることが可能である。重要な役割は、その場合に、一面では本質に対する精神の集中、他面では内面的なバランスがとれていることである。心地よい時間枠における労働を、可能な限り時間圧迫やストレスなく行うことであ

13章　自分をつくる　　179

る。

　そしてあなたは素敵な１日に 20 ％投入から 80 ％成果の関係を達成できたなら、満足して背をもたせかけ、自分の成果（すなわち自分の労働）を享受することができる。

職業から使命のために

　このような創造的かつ効果的な労働様式は、あなたが労働を好んで行えば行うほど、ますます発展しまた促進される。それゆえあなたは職業的な毎日を定期的に一時中断して、自分の活動に実際に満たされているかどうかを探るべきである。

　この疑問への答えとしては、以下の３つがある。

- ・あなたの労働は満たされ、そして十分である。あなたは正しい席で感じ、ここでまたさらに成果を約束して必要なストレスのない環境のための労働を投入する最善の途上にいる
- ・あなたの労働は不満である。また、あなたにとってより多くの楽しみを作り、その中でむしろ自分を取り戻す活動を見つけることに手を尽くす
- ・あなたの労働は不満足である。しかも目下、それをいくらかでも変える何らの可能性も見て取れない。あなたにはただ労働の傍ら、自分の創造性や生活の喜びを感じ、手入れする趣味を世話するにとどまる

　重要なのは、あなたが、自分のために同時に活力源として努めることができる何かをすることである。もしあなたがそこでストレスや過度の時間の圧迫なしに、そのために創造性や喜びによって活動することができるなら、それが最善の状況にあるあなたの職業である。他の場合には、一つの楽しみは、いわばエネルギースタンドとしてこの目的を満たすことができる。中期的にはあなたは、お金がどんな場合にも必ず、エネルギースタンドおよびとあなたと広範に一体化し、心地よくなることができる仕事によって稼げるように務めるべきである。

課題：エネルギースタンドを見つける

　じっくりと思い出してください。どんな活動、接触や事情があなたのこれまでの生活において動機づけられながら作用したかを。どの個人や出来事をこれまでの生活においてあなたは顕著に先に進めたか？　何があなたにとってこれまで多

くの楽しみをもたらしたか？ どこであなたは、まさに本当の時間、本当の場所にいる感情を持ったか？

あなたは、それに対して何を思いつくかについてこのリストを繰り返し見て、記述してください。これらの活動の中のどれをあなたは今日もなお実行するか？ そのうちの一つを自分の仕事にするか？ もししないならば、少なくともあなたが積極的にまた規則的に従事する一つの趣味にするか？

重要なことは、あなたが仕事や労働と同じように、余暇のための時間と空間を持つことである。おそらく確かに、あなたが仕事（使命）のため、いくらかの関与によって作り変えうる一つがあなたの趣味の中にもある！ 考察してください、このような願望目標を、それとあなたが不満である事物を変える動機づけとして。

あなたは関与されればまた動機づけされればされるほど労働すれば、ますますより良い成果にあなたは手が届く。そしてますます多く自分で決定しうるなら、あなたの内面はますます平静になり、緊張も和らぐであろう。

呪文 "バランスをとる"

ストレス克服の際最も重要な点の一つは、中心点を見つけ出し、バランスをとることである。もし必要な調整を顧慮しなかったり、バランスをおろそかにするならば、緊張とストレスがしばしば発生する。

無意識に人間は、とりわけ常にあちこちと以下の間で揺れ動く。

仕事とプライベート／緊張と緊張緩和／外部世界と内部世界／意志と感情／男性的と女性的／資金流出と資金流入／語ると傾聴／行動と安静／関与と内的隔たり／野心と忍耐

この対象は何ら固定されていない。それらは常に動いている。例えばある会社においてそのバランスは外部職務と内部職務間の互いの調和にある。双方は同じ程度に存在しなければならず、そのように配慮される。一方は他方なしに継続的に存在することはできない。例えば手工業制の小企業では、妻が家で電話を受け、帳簿や文書面の整理を取り仕切る。そして彼女の夫の労力が外での顧客に必要な背後関係を保証する。

このような対照、それらがリストの中でどのように挙げられているかについ

13章　自分をつくる　　181

て、あなたの生活の過程で再三再四顧慮し、調和のとれた良し悪しの平衡へと
もたらすよう試みてください。もし一つの側面が継続的にひどく増えている状
態なら、時間とともに全体関連における一つの障害につながる。適時のバラン
スによって、あなたは現在のストレスに勝つばかりでなく、将来の緊張も回避
する。

3）ストレスに悩む仲間

　内面にストレス状況を残しあるいは捉えたままで反応されるときに、まさに
同じほど重要なのは、あなたが職場で仲間によってせかされないことである。
まさにこのようなとき、多くの人間は非常に感情的である。不安は認められず、
十分に成しえないあるいは他の人と比較して悪い状態であることは、しばしば
競争あるいはたくさんの呼び出された騒乱状態を作動させる。

　最も単純で同時に最も悪いこの演技は、全く共演されない。あなたは、快く
思わない。そしてそれを受け入れる人ともうまくやっていくことを試みなさい。
結局あなたは確かに、すべての他人を好ましいと思って支持しているわけでは
ない。

　あなたは特に、いらだったあるいは思い上がった仲間の態度について、全く
あなたの側に責任のある誤った態度ではないことがはっきりわかる。おそらく
あなたの仲間はまさに私的な怒りをもち、あなたの上司との好ましくない会話
に、あるいはみずから強い時間の圧迫を受けている。

　必ずしもすべてを個人的に受け取ってはいけないわけではない。それらは、
しばしば主観的な意見と誤った非難であることがわかる。

　おそらくあなたはこの仲間にただ一度話しかけることで、おそらく全体の状
況についてきっと短い、楽しい会話によってはっきりする。問題をチャンスと
とらえてください。それが、あなたの労働全体を覆う薄暗い雲に厚さが増す前
に。

　考えてください、積極的にそして流動的に。神経を疲れさせる仲間を避けが
たいストレスとしてではなく、自分の個人的な限度を認め、守ることを学ぶ一
つの挑戦として。もし誰かがちょうど都合の悪いときに来るならば、あなたは
自分のエネルギーを本質的なものに束ねて、何が最も重要であるかを自覚して

いる。あなたの内部の調和および個人的な繁栄を、はっきりと丁寧に言ってください。

　もしあなたが誰かを批判するなら、そのことは絶対に正しいとは思えない。他の人々は問題を持っている。もしそのことを常に頭にとどめておくなら、あなたはより寛大にそしてより平静に、向き合う人と付き合うことができるだろう。あなたはまず１回、困難な状況によく反応しうるために深呼吸してください。

　あなたは迫ってくるコンフリクトを防ぎ、すでに発生しているコンフリクトに最善に振る舞い、それを最後に構造的にいかに解決しうるか、その他の点ではガイドにおいてコンフリクトを、例えば職業から使命のために読み直すことができる。

　構成における自律訓練法（精神療法）のさらなる指導において、緊張緩和の際にみずから、内部の緊張をあなたの利益に影響を与える、いわゆる"型通りの決意"によってこっそり教わる。

あなたはこのようにストレスに接することができる[2]

　ストレス状況を将来適切に注意深く扱うため、克服戦略の流動的なレパートリーが必要である。なぜならそれぞれのストレス状況は、適切に反応しうるために一つのオーダーメイドの方法を要求するからである。特許証明は残念ながら存在しない。ストレス克服の効果は個人的そして状況に関連している。

　原則的にストレス克服には２つの方法がある。一つは、例えば段階的拡大を避けるかあるいは自分自身の高い興奮状態を低減するために短期的な緩和を世話する戦略である。この短期的な克服戦略に対して、もう１つは、ストレス状況を自ら変えあるいはまた自分自身が取り組んでいる目標のための技術がある。負担は直接に取り組まれそして問題は長期に解決される。これによって負担状況は耐えられるばかりでなく、原則的に変化され生体はよりストレス抵抗につくられる。それに寄与するのがいわゆる"長期のストレス克服戦略"である。

　長期の克服戦略を習得しまた用いられるのは以下の場合である。

　・人はある負担の原因を変え、取り除きあるいは軽減しようとする
　・ある負担が予知しうるそして人はそれに対して準備しようとするなら、そのとき長期の克服戦略が持ち出される

13章　自分をつくる　　183

2. 短期のストレス克服戦略[3)]

　短期のストレス克服戦略は、方法において自分自身に積極的に影響を与える目的に叶うことである。

　短期的ストレス克服戦略は以下の要素から形成される。

・無意識的な緊張緩和と解除反応

・気分転換と知覚転換

・積極的な独り言

・意識的な滋養

・十分に睡眠

1）無意識的な緊張緩和と解除反応

　典型的な個人的ストレス状況（例えばある講演）の準備をし、すでに準備段階において熟慮して、いずれのストレスを削減する対策がこのような状況において、有意義に投入あるいは行使される。またストレス状況の間あるいはその後ずっと、以前集中的に覚え込んだ経験に基づく、興奮状態を絞るのに役立つ技術が投入される。このような“指揮権”に呼び出しうる興奮状態が低下する対策として特に適切であるのは、システム系の筋肉緊張緩和あるいは呼吸訓練からの訓練部分である。

　最も容易に投入されるのは身体による方法である。人は、あるストレス状況において、例えば背中および肩の筋肉のような、ちょうど必要でないそこで緊張緩和が特にうまく成功する。負担状況において多くの筋肉グループは、不必要に強く興奮させられる。それに対する労働のために、いずれがそれであるか、まさにこの筋肉を、人がそれを短期に意識的に興奮させ、次いで緩めさせながら、そのときまさにこの筋肉を緊張緩和するために観察する。

　身体的および情緒的解除反応について、われわれは生理学的にプログラム化しているので、克服によってストレスを排除することができる（闘争あるいは逃亡）。もしあなたが特別なストレス状況の後に、スポーツをするためにあなたの労働を中断することができないならば、最初の一歩として行進の代わりに段

階をとる方法がある。一度足でじだんだ踏むあるいは夜に、もし相変わらず
"腹を立てている"なら、スポーツをすることがまた助けになる。なぜならストレスホルモンは8～48時間の間に体内に広まり、筋肉労働により早く弱まるからである。ストレスへの抵抗力および耐久力は高められる。

重要なのは、スポーツによる活動で度を過ごさないことである。かえって新しいストレス源が発生してしまうことになる。

身体的平衡およびスポーツには、期待される緊張緩和およびストレス削減の利点と並んで、さらに一層積極的な副次作用がある。

・スポーツは問題に対して距離を置くことを可能にする

免疫システム 10週継続トレーニングののち免疫システムが強化され、それによって病気の抵抗力が高まる。

骨格 骨の密度が増加し、それによって老齢における骨粗鬆症を防ぐ。同時に骨格、筋肉と腱はより弾性になりまた、怪我から守るものが太くなる。

筋肉 筋肉は関節や脊柱の最も重要な安定装置であり、運動は体力をつける。筋肉は背中および関節の痛みを和らげ、あるいは防止する。

脂肪組織 エネルギー需要が高まると、身体は、皮下脂肪がゆっくりと減り、遊離脂肪酸の助けを求める。

腺 甲状腺は増加したホルモンを振るい落とし、新陳代謝は活発になる。こうして休憩の間にもエネルギー代謝は高まる。膵臓はインシュリンを増加させ、インシュリンが血液中の糖分を細胞へ送り、血糖値は低下する。運動は2型糖尿病に対する一つの理想的な予防法である。

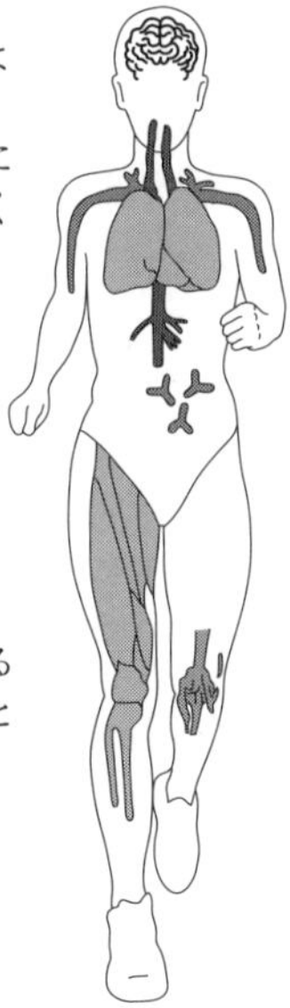

脳 継続的な運動は、脳においてエンドルフィンとセロトニンの分配を高める。これは抑うつに作用し、精神的ストレスを絶つ。そのうえ若い神経細胞の数を増やし、強化された活動力は、思考成果を高める。

肺 規則的な運動の場合呼吸数と気道通過量が向上する。すなわち、呼吸数は減少し、その代わり1回の呼吸は深く、効率的になる

心臓 心筋は量に掛け、経済的にはたらく。すなわち訓練を積んだ者の心臓は、同じ仕事でも訓練をしない年代の心臓よりしばしばわずかのはたらきで済む。

血液 身体における血液生産が活発になる。それに伴い赤血球により筋肉や器官へより多くの酸素が運ばれる。

性ホルモン トレーニング中およびその後しばらくの間、血液中のテストステロン濃度(女性の場合にはわずかな量)が高まる。それは筋肉量の構成を促進する。

図 13-1 運動の救済力

13章 自分をつくる　185

- 規則的なスポーツによって幸運ホルモンセロトニンとエンドルフィンが放出される
- 規則的なスポーツは健康を改善する。心筋梗塞や卒中の発作危機が低下し、呼吸量は増加、代謝産出は急速に分解され、免疫システムは強化される
- 良く発達した筋肉は、背中、首筋および関節の痛みを予防する
- 骨粗鬆症の危険性が低下する
- スポーツは余分な脂肪を減らし、姿勢と放射（中心から全方向へ放散する、またはその状態。『ステッドマン医学大辞典』1480頁）を改善する

さらなる可能性は、感覚を時々自然の成り行きに任せることである。ストレスにおいて感嘆して見つめた感覚は、例えば友人、家族そして仲間の場合"叱り飛ばし"ながらはがされる。そのさい人はもちろん、自分や他人を傷つけないのだから、新たなストレスを引き起こすほどの統制のもとにある。

2）気分転換と知覚転換

緊急のストレスの場合、大抵ストレスの刺激で知覚の狭まりが生じるので、負担になっている状況を過渡的に忘れさせるように気分転換で活力の回復が企てられる。注意は他の事項や行動に注目の焦点が合わせられる。短時間で、人は全くちょっと異なって携わり、完全にこの新しい行動に精神力を集中する。この方法は非常に簡単に実施されまた、興奮状態のピークが避けられなければならないならば、特にそのとき有能なことが実証された。選択された諸活動はもちろん、例えば"緊張緩和の飲み物"あるいは"緊張緩和のタバコ"がそうであるように、新たなストレスを生まないだろう。可能な気分転換としては、

- 机を掃除する
- コピーを取りに行く
- 散歩に出かける
- 花に水をやる
- 小休止を容れる
- 窓から外を眺める

あなたは何ら気に病まないで新しい仕事に真剣に従事しようとするなら、全くそのことに（例えば散歩をすることに）専念しなさい。あなたはすべての興奮の

高まる思考をよけて進めなさい。新しい仕事を興奮低下のためにねらって投入しなさい。多くの研究が、最初の10分の休止が最も効果的であることを示しているので、"気分転換の休止"は10〜15分より長く継続すべきではないだろう。人はその際、デスクに留まり、緊急の買い物を済ませたり、あるいはそのほか、仕事に関することを行うべきではない。むしろ小休止では、楽しみを作る、仕事から意識をそらす、リラックスすることに費やすのがよい。

知覚転換

精神的な知覚転換と共に、注意をストレスからまったく意識的に作動させる状況を操縦し、またそれを集中的に何か他に向ける―例えば近くの好ましい対象（絵画、休暇写真、草花等）に―あるいは思考形成にも。したがって、空想あるいは思い出のでのみ存在する個別の対象あるいは複雑なイメージを試みる。

個人的な気分転換思考

例えば全く個人的な思い出―ビーチ、草原あるいは山脈風景、海、またある数字、サークルあるいは色について、人は注意を、例えば愉快な出来事、余暇活動、余暇企画あるいは親切な人間を思い出すような、他の中性のあるいは積極的な思考にねらいを定めて向ける。

したがって注意は不愉快な事柄から、落ち着かせながら作用する積極的な思考に操縦される。

3）積極的な独り言

ストレス状況下にあって、例えば"そんなことは決してしない"あるいは"的外れ"のような考えが多く出てくるならば、あなたは、それらを積極的に作り変えながら、これらのネガティブな思考に出会うことになる。この短期の方法の目的は、自分自身に積極的に影響を与えることである。独り言の3つの種類がある。

・構造を変える：大抵の負荷状況を人はちょっとした積極的なもので手に入れることができる。この技術の場合、まさに人は例えば"それぞれ批判的会話は、持ちこたえるチャンスでもある"あるいは"それぞれの要求の場合、さらに先に進む可能性もある"のような積極的な要素に没頭する。この構造を変えることによって、視点による交代が成功し、人は状況をこれによって我慢でき

13章　自分をつくる　187

るようになる。

・克服：人はみずから、ストレスを解決する条件を変えるよう勧めることができる。例えば、人は自分で、静かにまた平静に、自己の行動を構造化されないように、そのことについて心配する代わりに、堅固な声で解決の手掛かりを運ぶよう指図することができる。人は、正しく行動するように自分自身を誘う。

・自分の励まし：その中で成功する、自分の言葉によって励みになって慰めになる、多くの状況がある。あなたは不安を感じるときに、例えば自分を、次から次へと行うことをやめることができる。あなたは"私は状況を手中に持っている"あるいは"悪いものがある"といった表現も自分に考えさせる。怒りを発する状況においては、以下のこと、すなわち、静かにしている、何でも自分のことを言っているとは解釈しない、あわてさせない、ことが助けになる。積極的な側面を求めなさい。怒ることはよいが、それに対するコントロールは守られるべきである。

こうしてあなたは短期の克服の場合、自分の言葉の助力で前へ進むことができる。

・あなたにとってストレス状況の前、途中あるいは後に頭をよぎるすべての自分の言葉を思い出しなさい。、そしてこれを書き出してまとめなさい
・続けてこの言葉を肯定的なもの、否定的じゃものに区分けしなさい
・次いであなたは集収した否定的な表現に対して肯定的に自分に考えさせる。あなたは、これらを現実にも受け入れうることに注意を払う。それらがみずから信じる自分の言葉のみ有効である

否定から肯定になる

	否定の自分の言葉	肯定の自分の言葉
ストレス状況の前	"何もならない" "何もできない"	"一度テストする" "きっとたくさんのことをした"
ストレス状況の間	"私はきっと再び神経質になる "私はきっとどもり始め、汗をかく…"	"じっとして、リラックスする" "私は興奮を阻止できないが、それをコントロールできる"
ストレス状況の後	"それを私は決して学ばない" "私は再度失敗した"	"それは、私が思ったよりも良かった"

肯定的な自分の言葉の戦略は、認識に関するストレス克服の一つの形式であ

る。その際ストレス状況の評価に狙いを定め、自己の技量に影響を与える。

4）意識的な滋養

　ストレスの時間にわれわれは、負担や過剰任務とうまくやっていくために、通例のエネルギー水準で生きていく。それは直接に栄養にも作用する。一面では、例えば甘いもの、コーラあるいはファーストフードのような素早いエネルギー供給に反応する。他面では栄養摂取を全く放棄して次いで激しい食欲に襲われる。しかしストレスの時間においてはまさに調和のとれた栄養が欠かせない。

　ここで最も重要な栄養についての助言は、

・規則的にそして1日に最善のたくさんの小さな食事をとりなさい。あなたは体に十分にエネルギーと生命物質を与える。あなたは“多彩に”野菜、果物、サラダを食べ、全穀生産物を毎日の食事計画に乗せるべきである。こうして体により長くエネルギーを用立てることができる

・あなたは、食事を意識してストレス低下のために取り入れなさい。そして食事を労働中のわずらわしい中断とはみなさないこと

・あなたはもっぱら一つに―食事か働くかに専念しなさい。また食事中には、例えばコンピューターを使ってはいけない

・あなたは快い雰囲気を食事のために作ってください―たとえわずか15分であるとしても。あなたはこの時間を意識的に遮断しなさい。食事の際には肯定的なテーマについて話題にし、対立や議論を避けなさい

・あなたはコーヒー、コーラ、紅茶、アルコールあるいはニコチンのような刺激物質の摂取を減らしなさい。これらの手段はあなたの健康にとってストレスの否定的な作用を強化する

・飲むことは体調を良好にする。水、果実／ハーブ茶そしてジュースは身体を新陳代謝の際に支える。そして、器官のまた精神的なプロセスが続けて流れるようにケアをする

・繊維質の豊富な食料を、健康のために積極的に、また同時にストレス抵抗に作用する物を、よい大腸機能のために摂取する

・ビタミンB類（例えばナッツ、乳製品、発芽そして肉）は、神経と記憶成果を強

13章　自分をつくる　　189

め、ストレスを和らげながら作用する。カリウム、マグネシウムそしてカルシウムのようなミネラル物質は、神経刺激のさらなる取りつぎに加わり、"神経養分"のはたらきを担う

5）十分な睡眠

　質的にもまた量的にも、睡眠障害は最も大きなストレッサーに属する。生体は睡眠で回復し、翌日の要求に対する力を集結させる。睡眠が不足すると、エネルギーの蓄えも減少し、ストレス反応が強められる。すべての人が多くの睡眠を同じように必要とするわけではない。わずかな時間のみ休息して給付できる者は、相応に十分な睡眠をとっている。しかし身体的および精神的な負担は、睡眠のバランスを崩す。ストレスの時間にはまさに十分に睡眠が必要である。睡眠衛生学の規則を守ることが役に立つ。

睡眠衛生学

　睡眠衛生学は、健康な眠りを可能にするないしは促進する学問である。一定の規則を保持することは、ストレスによる生活遮断ともいうべき睡眠障害を回避する助けになる。なぜならぐっすり眠った者のみが、毎日の生活の要求に耐えることができるからである。

睡眠衛生学の規則

・あなたは、毎日（週の終わりにも）最大30分の規則違反によって起床・就寝時間を守っている

・昼間は20分以上また15時以降横にならない。なぜなら睡眠刺激は短いニッケル片*によっても極度に強く感情などが抑えられるから。眠り込む、眠り続ける感情の妨害は聞き入れることである。夕方テレビの前でうとうとと眠り込むことも、この視点から特に危険である

　　＊ nickel はドイツ語で小鬼のこと。リボソームを熱変性から守る。ニッケルの欠損により、肝臓の（超微細）構造に変化をもたらす。多くの酵素（例えばウレアーゼ）の補因子である（『ステッドマン医学大辞典』1200頁）。

・ベッドに長く横にならないようにする。もしまだ眠らないならば

・少なくとも就寝前の3時間はアルコールを飲まないようにする。アルコールは、なるほど多くの場合就寝を容易にする。しかし睡眠の質には否定的

に影響し、また特に夜中の3時ごろまでしばしば眠り続ける問題に導く

・就寝の4〜8時間前に、紅茶などカフェインを含んだ飲み物を飲まないようにする。なぜなら8〜14時間カフェインによる睡眠障害の作用が持続するからである。

・19時以降タバコを吸ってはいけない。ニコチンはカフェインと同様睡眠に否定的に作用する。煙によって制限される肺の機能も、睡眠に長期間影響を及ぼす

・就寝前の3時間以内に大きな食事をとるべきではない。満腹あるいは膀胱がいっぱいの状態は睡眠に影響する。それに対し小さなスナック、例えばバナナ、あるいははちみつ入りのミルクは、含まれる物質 (L-Triptophan*) が、睡眠にとって非常に肯定的に影響する

　＊必須アミノ酸である（『ステッドマン医学大辞典』1861頁）。

・19時以降は身体的な緊張を避けなさい。なぜならこれは、活動やストレスにかかわる感応性の神経系を刺激するから。それゆえスポーツ活動については原則として日中に行ってください

・起きているときと就寝の前に"一つの緩衝地帯"を作り出してください。毎日ストレスと睡眠との間でつぎ目なく移行するのは避けてください。明日の、さらに果たされる労働、疲れさせる会話あるいはあれこれ思い悩むための企画を手離せない場合に備えて、覚書・メモとして残し、取り除けて置くことは大いに助けになる

・規則的にベッドに入る習慣、例えば歯磨き、暖房を下方に回すあるいは10分の瞑想は、身体を睡眠に一致させる

・もし夜に目覚めたときは、何も食べず、明るい光に身をさらさず、時計を見るのも避けるべきである

　この規則を守ることがあなたの睡眠に影響するかどうかチェックするために、あなたは少なくとも4週間にわたって一貫して、睡眠記録あるいは日記にその効果を残さなければならない。ある睡眠日記は全週にわたっての一つの展望を提供し、関連が明白になるので、ストレッサーが狙いを定めて排除されまた克服戦略が転換される。

13章　自分をつくる　　191

あなたの睡眠日記

夕方の記録：

日中を含めて1日全体で満足でしたか？ 0（満足ではない）～100（非常に満足）の間でマークしてください。

0 ├─────────────────────┴─────────────────────┤ 100
（満足ではない）　　　　　　　　　　　　　　　　　　（非常に満足）

どんな特別の出来事がありましたか？

1.
2.
3.

気分はどうでしたか？ 0（気分は悪い）～100（非常に爽快）の間でマークしてください。

0 ├─────────────────────┴─────────────────────┤ 100
（気分は悪い）　　　　　　　　　　　　　　　　　　（非常に爽快）

今日はあなたにとってどうでしたか？ 容易／困難、業績（労働、家政、創造性、スポーツの各分野で）をもたらすために？ 0（非常に難しかった）～100（非常に容易だった）の間でマークしてください。

0 ├─────────────────────┴─────────────────────┤ 100
（非常に難しかった）　　　　　　　　　　　　　　（非常に容易だった）

朝の記録

昨夜の睡眠はどうでしたか？ 0（全く眠れなかった）～100（十分によく睡眠をとった）の間でマークしてください。

0 ├─────────────────────┴─────────────────────┤ 100
（全く眠れなかった）　　　　　　　　　　　　（十分によく睡眠をとった）

睡眠したと思いますか？ 0（総じて睡眠しなかった）～100（睡眠した）との間にマークしてください。

0 ├─────────────────────┴─────────────────────┤ 100
（総じて睡眠しなかった）　　　　　　　　　　　　　　（睡眠した）

就寝前の4時間以内にアルコールを飲みましたか？ はいの場合、何をどのく

らい飲みましたか？
　いいえ　　　　　　　　はい：

　就寝前の4時間以内に食事をとりましたか？　はいの場合、何をどのくらい食べましたか？
　いいえ　　　　　　　　はい：

　あなたは昼間ずっと寝ていましたか？　はいの場合、どのくらいの時間？
　いいえ　　　　　　　　はい：

　あなたは夜寝ているときに何回目を覚ましますか？
　1回　　　　　　　1〜3回　　　　　　　　3回以上

　何時に就寝しましたか？　いつ明かりを消しましたか？
　＿＿時に就寝した　　　　　　　　明かりを＿＿時に消した

　あなたは未来の期日（明日の企画）、骨の折れる会話やコンフリクト、さらに果たされる労働あるいはあれこれ思い悩むことについて、横になってからも考えていましたか？　はいの場合、何を？
　企画：
　コンフリクト：
　あれこれ思い悩むこと：
　果たされる労働：

　肯定的な創造性および今日にとっての経験。どのような肯定的な創造性をあなたは今日のために企てますか？
　1.
　2.
　3.

【注】

1) Geisselhart, Hofmann, *Stress ade*, 4. Auflage, S. 20–36. Geisselhart, Hofmann, *Stress ade*, 7. Auflage, S. 50–78.
2) Fiedler, Plank, *Stressmanagement*, 2. Auflage, S. 7.
3) Ebenda, S. 79–93.

参 考 文 献

Joachim Bauer (2013): *Arbeit*, Blessing.

Deutsche Krankenhaus Gesellschaft: Zahlen, Daten, Fakten, Deutschen Krankenhaus Verlagsgesellshaft mbH.

Duden Wirtschaft von A bis Z (2010): 4. Auflage, Duden verlag.

Claudia Fiedler, Hans Plank (2016): *Stressmanagement*, 2. Auflage, C. H. BECK.

Roland Geisselhart, Christiane Hofmann (2008): *Stress ade*, 4. Auflage, Haufe.

R. Geisselhart, C. Hofmann (2015): *Stress ade*, 7. Auflage, Haufe.

Paul W. Glimcher (2004): *Decisions, Uncertainty, and The Brain, The Science of Neuroeconomics.* (宮下英三訳〔2008〕:神経経済学 生産性出版)

Eberhard Knopp, Jan Knopp (2010): *Qualitätsmanagement in der Arztpraxis*, Thieme Verlag, KG.

Jerrold S. Greenberg, *Comprehensive Stress Management.* (服部祥子・山田富美雄監訳〔2006〕:包括的ストレスマネジメント 医学書院)

Bernd Hein (Hrsg.) (2012): *Altenpflege konkret Gesundheits- und Krankheitslehre*, 4. Auflage, Urban & Fischer Verlag.

Bernd Hein, Kerstin Menker, Christina Waterboer (Hrsg.) (2013): *Altenpflege konkret Pflegetheorie und -Praxis*, 3. Auflage, Urban & Fischer Verlag.

Dirk Holtbrügge (2007): *Personalmanagement*, 3. überarbeitete und erweiterte Auflage, Springer.

Gert Kaluza (2004): *Stressbewältigung*, Springer.

Christiana Nicolai (2009): *Personalmanagement*, 2. Auflage, UTB.

Uwe K. Preusker (2014): *Das deutsche Gesundheitssystem verstehen*, Economica, Medizinrecht, de Verlag, Heidelberg.

Papenhoff Schmitz (2009): *BWL für Mediziner im Krankenhaus*, Springer, Heidelberg.

Mario Schmitz-Buhl (Hrsg.) (2005): *Coaching und Supervision: Kompetenzen nutzen - Synergien Fördern*, R. v. Decker.

SGB Soziakgesetzbuch Buecher I-XII: Allg. Teil Grundsicherung・Arbeitfoerderung・Kranken-, Renten-, Unfall Vers,・Kinder-/Jugendhilfe・Rehabilitation Verwalyungsverfahren・Pflege Vers. Sozialhilfe, 41. Auflage,

2010, Beck-Texte im dtv.

SGB V Öffentliches Gesundheitswesen, Krankenversicherungsrecht Vertragsaerztliche, Krankennhaus, HEIL- und Heilsmittel-, Arzneimittel- und sonstige Versorgung, 16. Auflage, 2010, Beck-Texte im dtv.

Michael Simon（2010）: *Das Gesundheitssystem in Deutschland*, 3., überarbeitete und aktualisierte Auflage, Huber.

Statistisches Jahrbuch 2011（2011）: Für die Bundesrepublik Deutschland Statisches Bundesamt, Wiesbaden.

Stedman's English-Japanese Medical Dictionary（2002）: 5th ed., Tokyo.

Stedman's English-Japanese Medical Dictionary（2008）: 6th ed., Tokyo.

Armin Töpfer（2007）: *Betriebswirtschaftslehre*, 2., überarbeitete Auflage, Springer.

Schaldach Zetkin（2005）: *Lexikon der Medizin: Von Medizinern empfohlen*, Fackelträger.

社団法人東洋療法学校協会編　河野邦雄・伊藤隆造・堺章（1991）: 解剖学　医歯薬出版

社団法人東洋療法学校協会編　佐藤優子・佐藤昭夫他（2003）: 生理学　第2版　医歯薬出版

R. シンチンゲル・山本明・南原実編（1987）: 独和広辞典　三修社

在間進編集責任（1991）: 新アクセス独和辞典　三修社

富山芳正編集主幹（1987）: 独和辞典　第2版　郁文堂

戸川敬一・榎本久彦・人見宏・石村喬・木村直司・フランツ-アントン ニューイエ・佐々木直之輔・新倉真矢子編集（1997）: ハンディマイスター独和辞典　大修館書店

CASIO　EX-word　電子辞書

あ と が き

　本書の作成には長い年月を要している。その間3・4冊の本を出版している。それだけに着手した時点との内容が、本の主旨が前後においてかなり大きく異なってきている。それに参考にする類似の本が見当たらず、独自の試案によって作成した関係で、大きく変わる内容に校正には手間取ったであろう。八千代出版㈱の森口恵美子社長、校正者の御堂真志氏に厚くお礼申し上げます。

著者略歴

上武健造（うえたけ・けんぞう）

1934 年　栃木県足利市生まれ。
1956 年　中央大学経済学部卒業
1971 年　中央大学大学院商学研究科商学専攻博士課程単位取得
1971 年　創価大学経済学部講師
1983 年　創価大学経営学部教授
1989 年　北海道情報大学経営情報学部教授
1993 年　嘉悦女子短期大学経営情報学科教授
1996 年　国士舘大学政経学部教授
2004 年　国士舘大学退職

経営学における生理学的人間
―過労死をなくす―

2019 年 12 月 16 日　第 1 版 1 刷発行

著　者―上武健造
発行者―森口恵美子
印刷所―美研プリンティング（株）
製本所―渡邉製本（株）
発行所―八千代出版株式会社

〒101
-0061　東京都千代田区神田三崎町 2-2-13

TEL　03-3262-0420
FAX　03-3237-0723
振替　00190-4-168060

＊定価はカバーに表示してあります。
＊落丁・乱丁本はお取替えいたします。

ISBN978-4-8429-1757-3　　　　　©2019 Kenzo Uetake